M. le Préfet se rendant aux inventaires
sous la protection du Commandant de gendarmerie

L'inventaire

des

Biens des églises

A AVIGNON

Janvier-Février 1906

AVIGNON
François SEGUIN, imprimeur-éditeur
13, rue Bouquerie, 13
1906

L'inventaire

des

Biens des églises

A AVIGNON

Janvier-Février 1906

AVIGNON
François SEGUIN, imprimeur-éditeur
13, rue Bouquerie, 13
1906

L'inventaire des biens des églises est le premier acte dans la voie de la spoliation que nous prépare la loi dite de Séparation de l'Église et de l'État, rendue exécutoire à la date du 11 décembre 1905. Sous le masque d'un libéralisme hypocrite et menteur, elle en est en quelque sorte le préliminaire obligatoire, consacré par les formes légales.

Les populations catholiques l'ont bien compris ; c'est pourquoi, dans la France entière, elles se sont levées pour défendre, par une résistance passive, en certains pays par la force, et quelquefois même au prix de leur sang, ce qu'elles considèrent à juste titre comme leur propriété intangible, comme le patrimoine sacré qui leur a été légué par leurs ancêtres.

Notre ville d'Avignon n'est pas demeurée étrangère à ce premier mouvement de résistance : pendant plus de quinze jours, les opérations de l'inventaire y ont tenu les esprits en haleine et provoqué autour de nos églises d'unanimes et énergiques protestations.

Il nous a paru bon de conserver le souvenir de ces premiers actes d'une défense religieuse qui est appelée, par la suite, à mesure que la persécution s'accentuera davantage, à devenir de jour en jour plus ardente.

Les pages qui vont suivre n'ont pas d'autre but. Puissent les exemples du passé préparer l'avenir et fortifier les cœurs catholiques dans l'affirmation de leur foi et la revendication de leurs libertés.

A l'Archevêché

C'est mardi, 3o janvier 1906, à 9 heures du matin, que M. Bruel, inspecteur de l'Enregistrement, s'est présenté à l'Archevéché pour procéder à l'inventaire des biens de la mense archiépiscopale.

Il était accompagné du docteur Victorin Laval, délégué par M. le Maire d'Avignon.

On s'est demandé dans le public ce qu'avait à voir l'administration municipale dans l'inventaire des biens de l'Archevéché ou de la Métropole. On sait en effet qu'en vertu de la loi dite de Séparation, faisant revivre, à cet égard, les dispositions arbitraires de l'Assemblée constituante en 1789 et de l'Assemblée législative en 1792, ces biens sont attribués en propriété à l'Etat.

La commune pourrait cependant avoir des revendications à exercer si les paroisses étaient dépouillées au nom de l'Etat de certaines œuvres d'art.

M. l'Inspecteur et le délégué de la Municipalité ont été reçus dans le grand salon de l'Archevéché par Mgr Sueur, entouré de ses trois vicaires généraux, MM. les chanoines Redon, Estellon et Robert.

Etait également présent M. Valentin, architecte diocésain.

M. l'Inspecteur ayant décliné ses noms et qualités, et exposé l'objet de sa mission, Mgr l'Archevêque lui a répondu par la lecture de la protestation suivante :

Monsieur,

Avant de vous laisser commencer l'opération que vous allez accomplir, je veux vous faire entendre une légitime et énergique protestation.

Les biens que vous voulez inventorier appartiennent à l'église. Je les détiens de par Dieu et par l'autorité des Saints Canons. Au jour de mon sacre, j'ai promis solennellement de les garder intacts et de ne point les livrer. Rien ne saurait me faire oublier cette promesse. Jusqu'à ce que le Pape ait parlé et que, par sa parole, l'Église, légitime propriétaire, m'ait délié de mes engagements, je considère l'inventaire que vous allez dresser comme le commencement de certaines mesures qui peuvent être attentatoires à ses droits.

Je veux, en outre, que cette protestation s'étende à tous les inventaires de biens d'église, qui seront dressés, prochainement, dans toutes les paroisses de mon diocèse, et je requiers qu'elle soit insérée au procès-verbal.

M. Bruel a donné acte à Mgr de cette protestation et déclaré qu'il serait fait droit à sa requête. Il a immédiatement procédé à l'inventaire, qui ne pouvait être bien long, les biens de la mense épiscopale étant à Avignon peu importants, et des indications suffisantes ayant été déjà fournies à l'Inspecteur par la Trésorerie générale. L'opération a été terminée séance tenante.

A 11 heures et demie, le représentant de l'Enregistrement et le représentant de la Municipalité ont déclaré leur mission terminée, et se sont retirés sans autre incident.

A la Métropole

Le même jour, mardi 30 janvier 1906, M. l'inspecteur de l'Enregistrement Bruel et le délégué municipal, M. le docteur Victorin Laval, entraient, sur le coup de deux heures, dans l'église métropolitaine de N.-D. des Doms, où, sans appel ni mot d'ordre, et même, on peut le dire, contre l'attente générale, plus d'un millier de personnes, parmi lesquelles dominait en majeure partie l'élément populaire, se trouvaient réunies dans une attitude silencieuse et un profond recueillement.

M. Bruel et le docteur Victorin Laval se dirigent immédiatement vers la sacristie.

M. le chanoine Queytan, doyen du chapitre, les chanoines ses collègues, et MM. les membres du Conseil de fabrique, aussitôt prévenus, se portent à leur rencontre et les reçoivent dans l'avant-sacristie, au pied du tombeau du pape Jean XXII.

Mgr l'Archevêque n'avait pas cru devoir se rendre au milieux d'eux. Ayant fait entendre sa protestation le matin, à l'archevêché, il lui avait paru inutile de la reproduire deux fois dans la même journée, dans les mêmes termes, et devant le même fonctionnaire. Il avait en conséquence délégué ses pouvoirs à M. le Doyen du chapitre.

Voici les termes de la protestation formulée à

haute voix, sur un ton très digne et très ferme, par
M. le chanoine Queyten :

Monsieur,

Avant de vous laisser pénétrer dans cette insigne basilique
pour inventorier, au nom de l'État, ce qui appartient à l'Eglise,
les membres de la Fabrique métropolitaine déclarent ne céder
qu'à la force. Ils s'associent pleinement à l'énergique protestation de Monseigneur, déjà connue de vous. Nous protestons
avec lui contre un inventaire qui, à notre avis, n'est qu'une
mainmise, à bref délai, sur des biens sacrés que nous avons
le rigoureux devoir de proteger.

La Métropole de Notre-Dame-des-Doms est pauvre, au point
de n'équilibrer qu'à grand'peine son budget annuel, grâce à la
générosité des fidèles.

En enregistrant le peu qu'elle possède, vous n'enregistrerez
que les aumônes de nos bienfaiteurs dont nous réservons tous
les droits. En plus, nous avons la mission de vous dire, de la
part de Mgr l'Archevêque, que l'orgue d'accompagnement est
sa propriété personnelle.

Vous voudrez bien, Monsieur, joindre cette juste revendication
à votre procès-verbal, en même temps que la protestation des
membres de la Fabrique métropolitaine.

La pitié et l'indignation au cœur, nous n'assisterons qu'à titre
de témoins à la triste tâche que le gouvernement vous impose.

Une courte discussion, très courtoise d'ailleurs
de part et d'autre, mais profondément attristée de
la part des membres du corps capitulaire et de leur
vénérable interprète, s'engage entre M. le Doyen et
M. l'Inspecteur.

Ce dernier demande notamment que, pour lui
faciliter l'accomplissement de sa mission, il lui soit
fourni les inventaires et autres documents existant
dans les archives métropolitaines.

M. le Doyen répond fermement et dignement :

— Nous ne le pouvons pas, nous trahirions notre devoir.

Au cours de la conversation, M. le Doyen demande à M. l'Inspecteur s'il entre dans ses instructions de requérir l'ouverture du tabernacle.

— Oh ! non, répond très courtoisement M. l'Inspecteur.

Pendant ce temps les cloches de l'église, qui avaient tout d'abord sonné l'office ordinaire des vêpres, avaient continué à se faire entendre. Cette sonnerie inusitée avait eu lieu à l'insu du chapitre ; elle était le fait de quelques personnes, qui avaient pénétré dans le clocher, et auxquelles on ne saurait faire un reproche de leur zèle bien explicable et trop naturel en la circonstance.

Toujours est-il qu'à cet appel des cloches, la foule s'était encore accrue dans l'intérieur de l'église et sur la plate-forme extérieure. Jusqu'à ce moment, on avait réussi à lui fermer l'accès de la sacristie, où les chanoines et les fabriciens avaient avec M. l'Inspecteur l'entretien dont nous venons de parler. Dans l'église les prières alternent avec les chants religieux : *Parce Domine, Prouvençau e Catouli,* etc.

Tout à coup, sous une poussée irrésistible, et en dépit des précautions d'ordre qui avaient été prises, la porte de la sacristie cède et le flot pénètre envahissant. Il n'y a bientôt plus aucune place, De toutes parts s'élèvent des protestations. M. le Doyen harangue la foule et l'exhorte à rester calme ; mais il est évident qu'en présence de cette irruption, l'envoyé du gouvernement ne pourra pour aujourd'hui accomplir sa délicate mission.

Un touchant incident se produit. Mme Chabrier, malgré toute l'affliction de son deuil récent, avait tenu à venir non seulement manifester ses sentiments religieux, mais encore revendiquer un pieux souvenir donné par elle à la Métropole. Le désignant à M. l'Inspecteur, elle lui dit avec énergie à travers ses larmes : « Cette statue, c'est moi qui l'ai donnée à N.-D. des Doms. Je viens tous les jours pleurer et prier devant elle pour l'âme de mon mari ; je vous défends d'y toucher. » La foule, vivement émue, accueillit ces paroles avec un profond sentiment de douloureuse sympathie.

Nous pourrions relater plusieurs autres traits où l'ardeur de la foi chrétienne et de l'exaspération de l'âme populaire se manifestait dans cette foule de véritables avignonais où tous les rangs étaient confondus.

Sur l'observation de M. le Doyen que l'heure des vêpres était venue, et respectueux de l'office liturgique, M. l'Inspecteur déclare lui-même qu'il s'en tiendra là pour aujourd'hui.

Et il se retire, en effet, toujours suivi par le représentant municipal.

A leur sortie, la foule massée, malgré un mistral des plus violents, autour du calvaire, fait entendre des huées, des sifflets et des cris de réprobation.

Par égard pour des hommes dont le rôle était déjà assez pénible, et dont l'attitude d'ailleurs — c'est une justice à leur rendre — a été des plus correctes, nous nous abstiendrons de mentionner les interpellations, les qualificatifs et les quolibets qui leur sont adressés.

Quand les représentants du gouvernement se sont éloignés, le calme renaît peu à peu ; la foule rentre dans l'église qui est absolument comble. Les chanoines ont commencé les vêpres ; l'office se poursuit et s'achève au milieu du calme et du recueillement qui conviennent à la dignité du lieu saint.

Le lendemain, mercredi, sur le bruit répandu que les agents devaient retourner à la métropole, un millier de personnes se trouvaient de nouveau réunis, à l'heure des vêpres, dans la basilique. Mais personne, cette fois, ne parut.

. .

C'est seulement le jeudi, 15 février, dans la matinée, que les agents du fisc revinrent à la charge.

Fortement impressionnée par les manifestations qui avaient eu lieu trois jours auparavant à Saint-Agricol, et la veille encore à Saint-Symphorien, l'autorité avait requis, cette fois, le concours de l'autorité militaire, et fait disposer des cordons de troupes, de gendarmes et d'agents de police tout autour de la place du Palais pour en garder les issues et en interdire l'accès. Personne ne peut y pénétrer. Ceux qui sont obligés de se rendre dans le quartier pour leurs affaires doivent décliner aux chefs de poste leurs noms, leurs qualités, la maison où ils se rendent et l'objet de leur visite. On les fait accompagner par un gendarme ou par un agent.

Un certain nombre de personnes, cependant, parviennent à forcer la consigne et réussissent à pénétrer jusque dans la Métropole, en passant par une porte dérobée sise au bas des escaliers de Ste-Anne.

A l'arrivée de M. Sappet, directeur de l'Enregistrement, accompagnant cette fois M. l'inspecteur Bruel, le bourdon se fait entendre. Les fidèles entrés dans l'église chantent ou prient. Nouvelles protestations contre l'acte inique. Les agents du fisc passent

outre, et accomplissent hâtivement leur triste besogne.

Entre temps, un agent se permet de porter la main
sur une toute jeune fille, sous le prétexte qu'elle a
sonné le bourdon. Or, un homme, même robuste,
ne peut mettre en mouvement l'énorme cloche
qu'avec beaucoup de peine. Le Directeur intervient
lui-même en faveur de la jeune fille.

L'après-midi. M. l'Inspecteur devait revenir pour
une simple formalité relative à l'inventaire des biens
de la mense. Il en avait tout au plus pour cinq minutes. On n'en a pas moins obligé les troupes à
garder leurs postes, avec la même consigne rigou-
reuse, et à demeurer ainsi, l'arme au pied, sans
motif, une grande partie de l'après-midi. C'est le
cas de dire que l'odieux le dispute au grotesque.

M. le Curé de Saint-Agricol
répondant aux acclamations des maisons voisines.

A Saint-Agricol

A l'intérieur

Lundi, 12 février, dès 3 heures et demie du matin, un assez grand nombre de paroissiens dévoués, ayant à cœur de joindre leurs protestations à celles de M. le Curé et du Conseil de fabrique, s'étaient réunis dans l'église. Leur nombre s'est accru peu à peu jusqu'à 6 heures, au moment où la police a été postée aux issues et a empêché de pénétrer dans l'intérieur.

Il devait y avoir, à 6 heures, un exercice pour la retraite annuelle de la congrégation des pauvres femmes d'Avignon. Les personnes qui sont arrivées seulement après 6 heures se sont heurtées aux agents qui les ont empêchées de passer.

A la faveur d'un service mortuaire d'anniversaire qui était commandé pour 9 heures, l'interdit a été levé momentanément pour les seuls membres de la famille.

Il y avait là des messieurs et des dames, des jeunes filles congréganistes, des ouvriers et des femmes du peuple, M. l'abbé Estellon, vicaire général, MM. les vicaires et le personnel de l'église, et en dernier lieu quelques-uns de nos confrères de la presse qui, en raison de leur personnalité bien connue, avaient pu franchir le barrage.

Inutile d'ajouter que cette assistance était profondément calme et recueillie ; elle a suivi pieusement les diverses messes qui se sont célébrées comme de coutume, ne manifestant aucune agitation, aucune velléité de violence, aucun autre désir que celui de protester par sa présence contre l'acte brutal de violation de propriété qui se préparait à grand fracas au dehors.

Bien que rassurée par le nombre de manifestants réunis à l'intérieur, la police ne montrait pas moins quelque appréhension sur la manière dont elle serait tout à l'heure reçue par eux. A un certain moment, on nous signale un agent en civil, qui était entré dans l'église, et qui regardait du côté de la tribune, comme pour examiner s'il n'y avait pas là-haut du monde pour faire tomber, au moment voulu, sur les autorités, une grêle de projectiles.

A l'extérieur

Vers 8 heures du matin, la force armée, réquisitionnée par la Préfecture, est venue prendre position aux abords de l'église.

Divers détachements du 58ᵉ d'infanterie sont répartis sur les marches des escaliers et sur le haut du perron, derrière la mairie, dans la rue Géline, et jusque dans la rue Joseph-Vernet. Deux réserves, arme au pied, attendent des ordres dans les pas-perdus de l'hôtel de ville et dans la cour de l'état-major.

Un détachement du génie, muni ostensiblement de tous les instruments nécessaires pour forcer les portes, haches, leviers, piques, etc., est rangé sur la place.

Dans la rue St-Agricol, un cordon de gendarmes à pied, qu'on avait fait venir de toutes les brigades du département, jusque de Bédouin, au pied du Ventoux, interceptent la circulation jusqu'à la place de l'Horloge ; ils refoulent de chaque coté sur les trottoirs et dans les rues adjacentes les assistants dont le flot va sans cesse grossissant. Çà et là, principalement sur le passage des policiers ou de certains fonctionnaires, se font entendre isolément quelques coups de sifflets.

A noter, disséminés dans la foule, des groupes de personnes inconnues, étrangères pour la plupart à notre ville, dont quelques-unes, à figures d'apaches, se livrent, par intervalles, à quelques essais, assez timides d'ailleurs, de contre-manifestation.

Le préfet de Vaucluse, M. Belleudy, dont nous aurons à relater tout à l'heure le triste rôle, est venu, de sa personne, dans la matinée, opérer une reconnaissance et voir si ses ordres avaient été ponctuellement exécutés.

Le moment approche

Un peu avant 10 heures et demie, M. le chanoine Faury, archiprêtre, curé de la paroisse, arrive, suivi des membres du Conseil de fabrique : MM. J. de Terris, président ; M. l'abbé E. Gonnet, trésorier ; M. le chanoine Raymond, secrétaire ; MM. Aurouze, le baron de Courtois de Pélissier, Dubourguier, Fajon, le commandant Luquin, officier de la Légion d'honneur.

Ils entrent dans l'église, dont la grande porte est immédiatement fermée et verrouillée derrière eux.

M. le Curé avait donné l'ordre que les cloches ne fussent pas sonnées ; mais, contrairement à ses instructions formelles, quelques personnes, n'écoutant que leur ardeur, avaient réussi à s'introduire dans le clocher, et font entendre, à 11 heures moins un quart, une sonnerie d'alarme. M. le Curé leur envoie l'ordre de s'arrêter, auquel elles se soumettent aussitôt.

Cependant, les assistants dans l'église se sont agenouillés et ont commencé la récitation du chapelet, suivi du chant des cantiques : *Nous voulons Dieu... Je suis chrétien.*

Ils se groupent dans le bas de l'église, autour de M. le Curé et du Conseil de fabrique, faisant face à la petite porte pratiquée dans le tambour, dont les battants restent ouverts.

Les sommations

A 11 heures précises, alors que les voûtes retentissent encore du chant des cantiques, des coups sont frappés à la grande porte, et une voix prononce du dehors la formule consacrée : « Au nom de la loi, ouvrez !... » Les chants ont empêché tout d'abord d'entendre la sommation.

On frappe encore à plusieurs reprises.

Le silence s'établit.

Au même moment, des coups sont frappés à la petite porte, dans le couloir de la sacristie. Tandis que quelques personnes vont voir de ce côté, où d'ailleurs les coups cessent presque aussitôt, et où ne se produit aucune tentative d'effraction, M. le Curé s'avance dans le tambour de la grande porte et ce court dialogue s'engage entre lui et les agents au dehors :

— Au nom de la loi, ouvrez !

— Qui est là ?

— Les agents des domaines. Ouvrez !

— Nous sommes chez nous, nous n'attendons personne, et nous n'ouvrons pas.

— Nous allons être obligés d .mployer la force.

— Faites, sous votre responsabilité.

Un temps. Puis l'on entend des hommes qui appliquent contre la porte les instruments destinés à l'enfoncer. Les uns appuient sur un levier pour la soulever, tandis que d'autres, sur un ordre que l'on perçoit très distinctement, exercent ensemble une poussée vigoureuse.

La porte résiste.

Entrée dans l'église

Mais M. le curé Faury, jugeant la violence suffisamment constatée, ordonne au sacristain, qui se tenait à portée, son trousseau de clefs à la main, de tirer les verrous et d'ouvrir, ce qui est exécuté en un clin-d'œil.

La porte est grande ouverte, et M. Baudouin, sous-Inspecteur de l'Enregistrement, entre le premier, saluant respectueusement M. le Curé et les membres du Conseil de fabrique.

Intervention de M. Belleudy -- Violent incident

M. le Curé s'apprêtait à donner lecture de sa protestation lorsque M. Belleudy, le nouveau préfet de Vaucluse, en costume, entre à son tour, littéralement affolé, se précipite sur M. le Curé, et sans que celui-ci ait pu prononcer une seule parole, lui adresse, d'un air courroucé et menaçant, en des termes que nous n'avons pas à qualifier, les paroles suivantes :

— Je suis ici comme représentant de la loi, et non pour entendre vos protestations et vos chants. Laissez-moi passer.

Et joignant le geste à la menace, il fait mine de bousculer M. le Curé.

L'assistance se jette en avant en poussant un cri d'indignation et refoule à son tour l'auteur de cette véritable agression, d'autant plus odieuse qu'elle était dirigée contre un prêtre respectable, un vieillard, qu'à défaut de son caractère sacré le respect tout au moins de ses cheveux blancs devait mettre à l'abri de pareille brutalité.

M. J. d Terris, président du Conseil de fabrique, intervient et, prenant à partie M. le préfet Belleudy :

— Si vous êtes venu, lui dit-il, pour faire exécuter la loi, nous avons, nous, un devoir à remplir, celui de protester contre cette loi...

M. le Préfet, l'interrompant : Comment, vous, un homme de conciliation, un ancien notaire, qui connaissez la loi...

M. de Terris : C'est parce que je la connais, cette loi, que je proteste énergiquement. Si vous ne voulez pas nous entendre, vous nous subirez !

M le Curé : Vous entendrez notre protestation jusqu'au bout !

M. l'abbé Larmande, premier vicaire de la paroisse : Il n'y a pas de loi contre la loi éternelle !...

Coupant court à tout colloque, M. Belleudy, hors de lui, les yeux fixes, arrache violemment la protestation que tenait M. l'archiprêtre Faury. Il lui saisit même les mains avec une brusquerie telle qu'un de ses ongles lacère assez profondément le petit doigt de la main droite de M. le Curé, qui en porte encore la cicatrice.

**Protestation de M. le Curé de St-Agricol
froissée et déchirée dans les mains de M. le Préfet.**

Aidé des assistants, M. l'abbé Faury se dégage de cette étreinte inqualifiable ; il ressaisit la protestation, qui, étant tiraillée en sens opposés, est déchirée en plusieurs morceaux.

M. Belleudy objurgue de nouveau M. le Curé :

— Vous avez manqué à votre parole. Vous aviez dit que vous ne sonneriez pas les cloches et que les portes ne seraient pas fermées.

A ces mots, une protestation unanime s'élève dans l'assistance :

— Les cloches, c'est nous qui les avons fait sonner ; M. le Curé a fait arrêter la sonnerie.

— Et quant à la porte, ajoute M. le Curé, je vous avais prévenu que je laisserai constater la violence, après quoi je donnerai l'ordre d'ouvrir. C'est ce qui a été fait.

L'arrestation du sacristain

A la dignité de M. le Curé et de tous les assistants, qui, malgré leur indignation légitime, n'ont pas prononcé le moindre mot malsonnant à l'adresse du Préfet, les envahisseurs opposent une attitude provocatrice absolument révoltante. Deux inconnus notamment, deux apaches, montrent le poing à M. l'abbé Faury.

Pour le protéger, le sacristain s'interpose en étendant les bras. L'un des deux inconnus l'appréhende à la gorge. Le sacristain s'écrie : Ah ! les monstres ! Il essaie de se défendre avec les clefs qu'il tenait encore à la main, et qu'il passe ensuite à M. Guillaume du Laurens ; quatre agents l'empoignent, l'un par le cou, deux autres par chaque bras et le quatrième par les pieds, le projettent par terre. L'un d'eux le maintient en lui mettant le pied sur le ven-

tre ; un autre essaie de lui mettre les menottes. L.
malheureux sacristain se débat énergiquement et
réussit à se dégager. On le saisit de nouveau, et
cette fois, à bout de forces, on l'emporte comme un
paquet. Il est conduit à la mairie, au milieu de toutes
sortes de mauvais traitements et d'injures. A un
moment donné, un apache le prend à la gorge en lui
disant : *Nous te le ferons cracher, ton bon Dieu !...* Il
a cru qu'il allait être étranglé. On parvient cependant à le faire entrer au bureau de police de la place
de l'Horloge où, pour ne pas interrompre le cours
de ce récit, nous le retrouverons tout à l'heure.

L'évacuation de l'église

L'émotion causée par ces incidents est naturellement très vive.

A ce moment, dans la nef latérale de gauche, à
l'angle de la chapelle des fonts baptismaux, éclate
un pétard, que quelques officieux ont prétentieuse-
ment qualifié de bombe.

Une personne, connaissant la défense faite par
M. le Curé de sonner les cloches, s'était munie de
petites pièces d'artifice pour donner le signal de
l'invasion. Le sacristain, l'ayant surprise en train de
disposer ses pétards, lui en avait enlevé deux. Un
troisième était, paraît-il, resté en sa possession :
c'est celui qui a dû éclater, sans causer d'ailleurs
aucun dommage, ni même un grand émoi, si ce n'est
dans l'entourage préfectoral.

M. Belleudy achève littéralement de perdre la tête ;
il appelle à son secours le commissaire central :

— Faites-moi sortir tout ce monde-là !

Les agents entrent dans l'église, cernent l'assistance, bousculent indistinctement les hommes et les femmes et les entrainent vers la porte. Le plus grand nombre est violemment projeté au dehors ; d'autres, parmi lesquels se trouvent des dames et même des jeunes filles, résistent ; il en est qui se dérobent ; on leur donne la chasse autour des piliers ; quelques-uns finissent par rester dans l'église.

Un ecclésiastique, M. le chanoine Raymond, secrétaire du Conseil de fabrique, qui n'avait prononcé aucune parole et qui s'était contenté de rester le témoin attristé de ces scènes écœurantes, est appréhendé. Il invoque sa qualité de fabricien et déclare qu'il ne sortira pas. Il échappe aux agents qui le poursuivent jusque dans l'église et jusque dans le banc d'œuvre où il est allé se réfugier ; on l'oblige brutalement à en sortir ; il s'assied sur une chaise et oppose une force d'inertie dont il est impossible de triompher.

Au dehors, la foule, en même temps qu'elle acclame les expulsés, manifeste hautement, par des huées, des sifflets et des cris, son indignation à l'adresse des expulseurs.

La protestation de M. le Curé

Cependant, une accalmie relative s'établit à l'intérieur.

M. le chanoine Faury, ne pouvant plus se servir de l'exemplaire de sa protestation déchirée entre les mains de M. le Préfet, se fait remettre par M. Ed. Capeau, directeur du *Mistral,* une copie qu'il lui avait confiée quelques instants auparavant et se met en devoir d'en donner lecture.

M. le Préfet, d'un ton rogue, le menace, au moindre mot d'attaque contre le gouvernement et contre la loi, de l'interrompre.

M. le Curé, malgré son émotion qu'il domine, continue d'une voix ferme.

Le Préfet ne tient pas en place. Il essaie de discutailler et de couper les phrases prononcées par M. le Curé, qui, sans répondre à ces interruptions véritablement rageuses, achève sa lecture.

Nous reproduisons ici la teneur de ce document très fortement motivé :

Monsieur,

Le mandat dont vous êtes pourvu me fait connaître que vous avez reçu l'ordre de venir dresser l'inventaire des biens mobiliers et immobiliers de l'église Saint-Agricol.

A mon tour, moi, curé de la paroisse, constitué gardien des biens que cette église renferme, j'ai le devoir de vous informer qu'il n'y a pas de succession ouverte ; notre église, sous l'administration du Conseil de fabrique, dont je fais partie, est bien toujours maîtresse des biens mobiliers et immobiliers qu'elle contient. Vous n'avez donc rien à faire ici. Il faudrait repasser une autre fois, quand les Associations cultuelles auront été constituées, si jamais elles le sont, et si, d'autre part, le Souverain Pontife approuve la dévolution des biens ; car il faut que vous sachiez que lorsqu'il s'agit des biens de l'Église, nous ne reconnaissons pas d'autre maître que le Pape, dont les ordres sacrés nous seront transmis par Mgr l'Archevêque d'Avignon, notre chef immédiat. Vous pouvez le dire à ceux qui vous envoient.

Si on avait eu la sagesse d'attendre cette décision suprême, tous nous nous serions soumis dans le calme et le silence, vous laissant tranquillement poursuivre la triste mission que vous tentez d'accomplir aujourd'hui malgré nous, et vous n'auriez pas à constater les troubles que vous ne pouvez plus apaiser qu'en appelant à votre aide la force armée, qui ne paraissait pas destinée à faire une telle besogne. Et moi, je ne serais pas dans la douloureuse nécessité de protester, comme je le fais présentement, contre la mesure odieuse que vous avez acceptée, bien à regret, je le pense, d'exécuter dans les circonstances actuelles.

Je sais bien qu'on s'efforce de nous faire entendre que cet inventaire n'est après tout qu'une formalité ou même une mesure conservatoire dans l'intérêt des Fabriques et que, dans tous les cas, la procédure est normale; finalement, que « la loi c'est la loi. »

Eh bien ! nous ne serons pas dupes de ces paroles hypocrites. Nous sommes suffisamment instruits par les leçons de l'histoire dont on est en train de renouveler les plus néfastes époques. Qui ne sait que, de 1790 à 1793, il n'y a pas eu une seule spoliation d'église qui ne fut précédée d'un inventaire. Du reste, Monsieur, vous ne pouvez ignorer que si la loi vous prescrit, comme elle le fait, de rechercher l'origine des biens des Fabriques, c'est qu'elle entend s'approprier une *grande partie de ces biens* qui « feront retour à l'Etat », dit l'article 6, ajoutant que, s'ils sont grevés d'une fondation antérieure à la loi du 16 germinal an X, la fondation cessera d'être exécutée. Est-ce assez clair ?

Enfin, à qui ferez-vous croire qu'une loi qui débute par la suppression du budget des cultes et de l'indemnité à laquelle le clergé a un droit strict ne se prop se d'autre but, dans l'inventaire qu'elle prescrit, que d'assurer aux Fabriques la conservation des biens dont elles ont l'administration ?

Non, la vérité, c'est que cet inventaire que vous venez dresser aujourd'hui n'est que le préliminaire de la confiscation que vous pratiquerez demain, nous laissant entrevoir, hélas! trop clairement, le jour prochain où nous-mêmes, prêtres et fidèles, serons jetés hors de nos temples et réduits à aller célébrer, dans l'ombre, nos saints mystères.

Quant à savoir si le mot : *La loi c'est la loi*, termine tout et légitime tout, je vous dirai : « *Il n'y a pas de loi contre le septième commandement de Dieu.* »

Cela étant dit, vous serez moins étonné que le peuple de fidèles qui représente ici le droit sur les biens de cette église, se méfiant de vos procédures honteuses, soit venu manifester son indignation. Je désire que cette manifestation reste digne autant que fière, mais quelle qu'elle soit, je suis obligé de reconnaître qu'elle est légitime.

Maintenant, Monsieur, si, malgré tout, vous persistez à accomplir la triste mission que vous avez acceptée, faites. Pour nous, cédant à la violence que vous nous opposez, nous ne pouvons que protester de toutes nos forces. Et je dois vous prévenir que, dans ce travail auquel vous allez vous livrer, vous n'avez à compter, pour vous aider, sur aucun de nous. Nous ne voulons pas même y assister comme simples témoins, sachant que le témoin, quel qu'il soit, sert toujours, en quelque manière, à l'authenticité de l'acte qui s'accomplit.

Je vous demande, Monsieur, de joindre ma protestation au procès-verbal de l'inventaire.

Fait à Avignon, le 12 Février 1906,

Chanoine FAURY,
archiprêtre, curé de St-Agricol.

La Protestation de M. le Président
du Conseil de fabrique

Prenant à son tour la parole, au nom du Conseil de fabrique, dont il est président, M. Jules de Terris proteste en ces termes :

Monsieur l'Inspecteur,

Le Conseil de fabrique de St-Agricol tient à honneur de joindre sa protestation indignée à celle que M. l'Archiprêtre vient de vous faire entendre.

Il proteste contre une loi qui est la négation, sans phrases, des engagements solennels et sacrés, pris par l'État lui-même, de subvenir aux besoins du culte, en compensation des énormes biens dont il avait dépossédé l'Église.

En reniant ainsi ses engagements et en lui enlevant les ressources nécessaires à son libre exercice, la loi de Séparation et les lois qui en ont été le prélude mettent l'Église dans l'impossibilité matérielle de satisfaire à ses charges et d'accomplir sa haute mission de paix parmi nous.

Ses promoteurs ne se gênent pas, d'ailleurs, pour proclamer que la loi n'est que provisoire, et qu'elle n'est qu'une première étape dans la voie de l'arbitraire et de la spoliation, et l'inventaire que l'on impose aujourd'hui à notre faiblesse en est l'indice accusateur.

Nous cédons à la violence et à la force ; à la force qui, loin de s'appuyer sur la justice à laquelle tout citoyen a un droit égal, va chercher son unique inspiration dans une secte maudite, — qui heureusement n'est pas française, — et qui, depuis trente ans, fait peser sur nous, catholiques de France, la plus odieuse des tyrannies, en nous dépouillant par lambeaux, en souillant nos temples.

Nous protestons de notre fidélité au Pape, notre chef suprême, et dans la liberté de nos consciences, nous refusons de prêter la main à un inventaire que nous considérons comme sacrilège.

Nous revendiquons enfin, avec la fierté qui convient à la grandeur de notre cause, tous les biens de la paroisse confiés à notre garde, et nous en appelons au jugement de Dieu de l'iniquité des hommes.

M. J. de Terris ajoute, en terminant : Vous voyez, M. le Préfet, que nous n'insultons personne.

Intervention du Directeur de l'Enregistrement

M. Sappet, directeur de l'Enregistrement, qui assistait M. le Sous-Inspecteur Baudouin, prend alors la parole. Invoquant personnellement le témoignage de M. Estellon, vicaire général, ici présent, il dit qu'aux termes d'un avis publié par la *Semaine Religieuse*, sous l'autorité de Mgr l'archevêque, il s'attendait à une autre réception. Il proteste d'ailleurs de ses sentiments catholiques et de ceux de M. l'Inspecteur.

L'attitude de M. Belleudy

L'exaltation de M. Belleudy semble être tombée peu à peu ; il engage avec M. le Curé et les personnes présentes une conversation ayant trait aux incidents regrettables qui viennent de se dérouler, conversation plutôt froide, comme on pense, et de laquelle il résulte que si M. le Préfet n'avait pas fait un déploiement de forces aussi provocateur, et s'il

eût agi lui-même avec plus de calme et de modération, on lui aurait fait certainement un tout autre
accueil ; en dehors des protestations légales, rien
d'anormal ne se serait produit.

La sortie

Tandis que M. le Sous-Inspecteur parcourt rapidement les chapelles et procède a son inventaire, les
personnes présentes sortent successivement sur la
plate-forme du perron.

La place et ses attenances sont à ce moment plein-
nes de monde. Aux balcons, aux fenêtres et jusque
sur les toits des maisons environnantes, des spécta-
teurs en foule attendent la manifestation finale.

A mesure que les personnes sortent de l'église,
elles sont accueillies, suivant leur qualité respective,
par des témoignages de chaleureuse sympathie ou
des marques de réprobation plus significatives
encore.

Mais c'est à la sortie du Préfet que la démonstration prend un caractère plus vif et plus personnel.
De toutes parts éclatent de véritables bordées de
sifflets et de huées ininterrompues.

Le préfet affecte de ricaner ; mais il est blême.

Il se concerte avec le Commissaire central, des-
cend sur le premier palier du grand escalier, puis
remonte sur la plate-forme, et fait quelques pas
dans la direction de la rue Géline, comme pour s'en
aller de ce côté. Mais la rue est obstruée par la foule.
Il redescend quelques marches, s'arrête de nouveau.

— Partira ? Partira pas ? crie-t-on dans le public.
— Il se décide enfin a descendre l'escalier maintenu
libre et à se retirer par la rue St-Agricol.

Sortie de Saint-Agricol après l'inventaire.

A ce moment, une explosion plus formidable de huées éclate. De toutes parts on n'entend que des cris : Vive la liberté ! Hou ! hou ! le tout accompagné par les roulements suraigus des sifflets à roulettes.

Ainsi que nous l'avons signalé plus haut, les apaches essaient bien de provoquer quelques contre-manifestations ; mais ça ne prend pas : à distance même, leurs cris sont confondus avec ceux de la foule, et ne servent qu'à leur donner encore plus d'intensité.

M. Belleudy se hâte vers la Préfecture, où il rentre précipitamment par une porte dérobée.

Ovation à M. le Curé

En regard de cette manifestation, dont nous croyons que M. Belleudy gardera un amer souvenir, nous sommes heureux d'en signaler une autre, sympathique et enthousiaste celle-ci, en faveur de M. le chanoine Faury, qui, à sa sortie de l'église, et au bas des escaliers, est entouré par la foule. Toutes les mains se tendent vers lui ; on le félicite, on l'acclame, et un groupe très compacte de manifestants lui fait cortège jusqu'à son domicile.

Notre impartialité nous fait un devoir de rendre témoignage à l'attitude des fonctionnaires de l'Enregistrement, du Commissaire central, du Maire d'Avignon et des diverses autorités qui étaient obligés d'accompagner M. le Préfet dans l'accomplissement de sa triste besogne. Ils se sont acquittés de leurs fonctions avec une modération et une correction que tout le monde a été unanime à apprécier. Seul, le préfet Belleudy s'est montré au-dessous de sa mission ; et seul il porte la responsabilité des incidents si profondément regrettables qu'il a suscités avec un manque absolu, non pas seulement de courtoisie, mais même du tact le plus élémentaire.

Suites de l'arrestation du sacristain

Nous avons laissé le sacristain au bureau de police de la mairie, où il a été conduit, comme nous l'avons dit, au milieu de toute espèce de mauvais traitements.

Il se nomme Gustave Giudicelli et est âgé de 25 ans. C'est un grand et bel homme, à physionomie très ouverte, très énergique, mais très douce et naturellement sympathique. Rien qu'à le voir et à l'entendre, on ne peut s'expliquer qu'il ait pu être arrêté comme perturbateur et fauteur de désordres.

Arrivé au bureau de police, Giudicelli est fouillé.

Après un interrogatoire sommaire que lui fait subir M. le Commissaire du canton, il est enfermé à la geôle municipale, local peu propre, où il est resté jusqu'à deux heures et demie sans autre nourriture qu'un morceau de pain, auquel d'ailleurs il n'a pas touché.

A deux heures et demie, on le ramène au bureau de police. Une foule, massée sur son passage, l'acclame par les cris de : *Vive M. Gustave ! Vive le sacristain !* On le fait monter en voiture, à la dérobée, après avoir trompé la foule qui s'était précipitée à la porte de derrière par où la sortie avait été annoncée, et on le conduit au grand trot au tribunal pour l'audience des flagrants délits, fixée à 4 heures.

Après un nouvel interrogatoire, que lui fait subir M. le Procureur de la République, on le mène à la salle d'audiences où on l'oblige à prendre place au banc des détenus, en compagnie des apaches et des vulgaires malfaiteurs.

La salle est remplie de contre-manifestants qui mènent naturellement grand bruit, et s'efforcent visiblement, par leur attitude, de peser sur la décision du Tribunal, si c'est possible.

M⁰ E. Boulle, qui vient de se voir confier, à l'audience même, la défense du sacristain, est à la barre.

Trois agents sont entendus à la requête du ministère public : leurs dépositions ne concordent pas ; ils accusent Giudicelli de leur avoir porté des coups de clefs, d'avoir allumé une bombe, et d'avoir été trouvé porteur de deux autres. Un des agents n'a cependant pas entendu la bombe.

M⁰ J. Amic, avocat, qui était présent dans l'église, est cité par la défense, comme témoin à décharge. Il explique que la bombe est partie bien après l'arrestation du sacristain. Il indique l'attitude agressive du Préfet de Vaucluse contre le Curé que le sacristain a voulu défendre.

M. Courregelongue, substitut, demande une condamnation sévère.

M⁰ Boulle regrette d'improviser la défense d'une aussi belle cause ; il n'a cependant pas voulu demander le renvoi, parce que, comptant sur la clémence du Tribunal, il espère éviter au sacristain même les deux ou trois jours de prison préventive.

Il explique que la population avignonaise, dont la loi blesse les consciences et les convictions, serait restée calme, digne et résignée, malgré un service d'ordre provocant par son exagération. Un seul incident regrettable s'est produit ; il est dû au geste inqualifiable du Préfet contre le vénérable Curé, vieillard à cheveux blancs. Partout, les curés protestent, ils en ont le droit ; partout, les représentants du gouvernement les écoutent. Mᵉ Boulle se demande pourquoi, à Avignon, cette dérogation aux règles de politesse et de courtoisie. Il flétrit en termes indignés l'attitude du Préfet.

Le sacristain a voulu défendre le prêtre injurié et bousculé ; il a été blessé dans ses sentiments de chrétien, et aussi dans ses intérêts matériels, puisqu'après tout c'est son gagne-pain qui est en jeu.

Cinq agents l'ont brutalisé et emporté ; peut-on blâmer ses gestes de défense et de résistance, d'ailleurs inoffensifs ?

Mᵉ Boulle signale les contradictions des agents au sujet du pétard ; il fait, en passant, un éloge mérité de M. Amic qui a fait son devoir de catholique ; il établit que le pétard a été allumé après l'arrestation, et que les deux trouvés sur le sacristain proviennent d'une exaltée, à laquelle, par précaution, il les avait enlevés.

On l'a trouvé porteur d'un allume-cierges, mais c'est l'attribut indispensable d'un sacristain.

A ce moment, la foule ricane. Mᵉ Boulle, indigné, se retourne vers elle, l'apostrophe vivement et lui reproche son attitude indécente.

Il termine en demandant au Tribunal de ne pas se laisser impressionner par les vociférations du dehors et par celles qui partent du prétoire même. Il conclut à l'acquittement du prévenu, ou dans tous les cas à une condamnation minime, mitigée par l'application de la loi de sursis.

Après une longue délibération, le Tribunal condamne Giudicelli à un mois de prison avec application de la loi de sursis, et à 100 fr. d'amende.

Le sacristain est immédiatement relaxé, ses amis l'entourent et lui adressent les plus vifs témoignages de sympathie.

Le sacristain devant la Cour d'appel

Le jeudi 8 mars est venu, devant la Chambre correctionnelle de la Cour de Nimes, l'appel *a minima* formé par le ministère public du jugement rendu par le Tribunal de première instance d'Avignon dans l'affaire du sacristain de St-Agricol.

La Cour était présidée par M. Durand, président de Chambre.

Le siège du ministère public était occupé par M. l'avocat général Langlois, qui s'est longuement étendu sur le fanatisme des catholiques et leur résistance systématique contre la loi. Tout en faisant la part, dans une certaine mesure, des circonstances au milieu desquelles le prévenu avait été amené à manifester ses sentiments, il a requis contre lui néanmoins une pénalité plus sévère, alléguant la nécessité de faire un exemple pour intimider les propagandistes de la rébellion et de la guerre civile.

Mᵉ Daudet, l'éminent avocat, qui était à la barre pour présenter la défense de Giudicelli, a réduit l'affaire à ses justes proportions. Ce n'était point un agitateur ni même un simple manifestant que la Cour avait à juger, mais un modeste employé de l'église, qui avait voulu protéger son curé, un vieillard de 76 ans.

Le défenseur a été naturellement amené à mettre en cause le Préfet de Vaucluse, qui avait fait preuve, dans la circonstance, d'autant de maladresse que de violence et de grossièreté.

Cette allusion à l'attitude de M. Belleudy a motivé, à plusieurs reprises, les interruptions du Président, qui a enjoint au défenseur de se restreindre dans les faits de la cause. Ce n'était point cependant sortir de la question que de rappeler les provocations qui avaient mis le sacristain et les paroissiens de Saint-Agricol dans le cas de légitime défense.

M⁰ Daudet a maintenu son argumentation, puis a conclu à l'acquittement pur et simple de son client.

Après une demi-heure de délibération, la Cour a rapporté un verdict confirmant la condamnation de Gustave Giudicelli à un mois de prison avec sursis, mais augmentant l'amende et la portant de 100 à 300 francs.

Nous ne croyons pas manquer au respect de la chose jugée, en affirmant que cette sentence ne diminuera en rien dans l'estime publique celui qu'elle a si rigoureusement frappé.

A l'audience même, Giudicelli a reçu de tous nos amis présents les témoignages de la plus vive sympathie. Nous nous faisons nous-mêmes une fois de plus auprès de lui l'interprète de tous les hommes de cœur qui ont apprécié à leur juste valeur son énergie et son dévouement.

Une violation de la loi

L'arrêt prononcé par la Chambre correctionnelle de la Cour de Nîmes, sous la présidence de M. Durand, dans l'affaire du sacristain de St-Agricol, a causé une profonde surprise dans tout le ressort judiciaire. On croyait jusqu'ici qu'une Cour d'appel, qui a mission de reviser les jugements des autres, devait faire elle-même une application au moins matériellement exacte de la loi.

L'arrêt de la Chambre correctionnelle en a été une violation manifeste.

Dans son zèle excessif à suivre les suggestions gouvernementales de M. le Procureur général, la Cour, tout en maintenant l'emprisonnement avec sursis, a augmenté l'amende prononcée par le Tribunal d'Avignon contre le sacristain, et l'a portée de 100 à 300 fr.

Or, le maximum, que la Cour pouvait légalement appliquer, n'est que de 200 fr.

En effet, l'arrêt a écarté le délit de violence contre les agents de la force publique et n'a retenu que celui de rébellion.

Or, lorsque la rébellion n'est passible que d'un simple emprisonnement, l'amende qui peut être ajoutée à cette peine n'est que de 200 fr. au maximum, par application de l'art. 218 du Code pénal.

La Cour de Nimes a donc manifestement violé la loi.

Le fait est d'autant plus surprenant que M. le président Durand passe pour un juriste consommé. Il est vrai qu'on assure également à Nimes que, dans toutes les affaires concernant les congrégations ou les catholiques, il s'est toujours montré d'une sévérité excessive, comme s'il voulait prendre à tâche de se faire excuser, dans un milieu hostile, d'être lui-même catholique.

Si le fait est vrai, son rigorisme excessif lui aura joué, cette fois, un bien mauvais tour. Appliquer le maximum de la loi pour un délit si vague et si mal établi par des dépositions de police incohérentes et sans concordance, était déjà singulièrement dur ; mais dépasser ce maximum d'un tiers, avec le code ouvert sous les yeux, et en lisant à haute voix les articles de loi, c'est absolument inexplicable, surtout de la part d'un magistrat de carrière qui tient à sa réputation.

Devant une pareille violation de la loi, le sacristain de St-Agricol pouvait se pourvoir en Cassation. La réformation de l'arrêt n'était pas un instant douteuse.

Le bon sacristain a eu la charité, peut-être tout aussi excessive, de ne pas infliger cet affront à ses juges. On l'y poussait énergiquement, car l'outrance de l'arrêt avait fait sensation à Avignon aussi bien qu'à Nimes. Mais le sacristain a été inflexible dans sa résolution de subir toute la rigueur d'une condamnation si manifestement disproportionnée. L'affaire ne doit pas s'arrêter là ; on s'occupe activement de rédiger une pétition pour demander la remise de l'excédent de l'amende infligée en violation de la loi.

Il n'est pas rare de voir en Cour d'Assises les jurés signer un recours contre la condamnation dont ils sont eux-mêmes les auteurs.

Il faut espérer que, dans notre cas, les membres de la Cour de Nimes imiteront cet exemple, et ne seront pas les derniers à approuver cette remise, dans l'intérêt de la bonne justice.

A Saint-Pierre

La venue du sous-inspecteur de l'Enregistrement, M. Baudouin, avait été annoncée à St-Pierre pour le mercredi 31 janvier.

Dès 9 heures, à l'appel des cloches, la nef principale et la nef latérale se remplissent d'une foule compacte. Sur la place, des groupes nombreux stationnent également.

Vers 10 heures, M. le Sous-Inspecteur se présente seul à la grande porte.

Il trouve devant lui M. le chanoine Bouyac, curé, entouré de ses vicaires et des membres du Conseil de fabrique, MM. F. d'Oléon, président, A. Palun, de Cellès, Grimaud, Nicod et Vignaud.

M. le chanoine Bouyac, avec beaucoup d'énergie, donne immédiatement lecture de la protestation suivante :

Monsieur,

Mon honneur et ma conscience de prêtre me font un devoir de protester contre l'inventaire auquel vous allez vous livrer, bien malgré vous, je le sais.

Le jour où j'ai été constitué gardien de l'église de Saint-Pierre par Monseigneur l'Archevêque d'Avignon qui m'en a confié les clefs, j'ai promis à Dieu de conserver intacts, pour les remettre à mes successeurs, les droits et les biens de cette église.

Cette promesse, Dieu seul, par l'organe de son représentant

sur la terre, peut m'en délier. Le Souverain-Pontife parlera à son heure et ses instructions me seront fidèlement transmises par Monseigneur l'Archevêque, mon légitime supérieur. Jusque-là, je ne puis que m'opposer à une mesure qui apparaît comme le prélude d'une injuste spoliation.

Tout ce que contient cette église, vases sacrés, ornements sacerdotaux, statues, œuvres d'art, orgues, titres de propriétés, fondations pieuses, tout cela est le fruit des oblations volontaires des fidèles, tout cela appartient à la communauté paroissiale qui l'a payé de ses deniers, sans aucun secours de l'État.

Dépositaire de ces trésors, je proteste autant qu'il est en moi et fais toutes mes réserves contre l'inventaire qui va en être fait et auquel je n'entends participer en aucune façon.

Je demande en outre que la présente déclaration, laquelle n'a rien qui vous soit personnel, soit annexée à votre procès-verbal.

Prenant à son tour la parole, M. F. d'Oléon joint la protestation du Conseil de fabrique à celle de M. le Curé :

Au nom du Conseil de fabrique, administrateur et gardien du temporel de la paroisse de Saint-Pierre, nous joignons notre protestation énergique et unanime à celle de M. le Curé contre un inventaire qui est le premier acte de la spoliation des biens de l'Église, biens qui appartiennent légitimement à la paroisse, comme provenant exclusivement des dons et sacrifices des fidèles.

M. le Sous-Inspecteur se rend alors à la sacristie, suivi de M. le Curé et des fabriciens. La foule les accompagne en chantant des cantiques. On essaie vainement d'interdire au public l'accès de la sacristie ; mais ici, comme à la Métropole, les portes cèdent sous la poussée, et, en un clin d'œil, le local, d'ailleurs assez exigu, se trouve littéralement envahi.

A la tête d'une délégation des dames de la paroisse, Mme A. Palun, d'une voix énergique et émue, fait entendre une véhémente apostrophe à laquelle répondent les bravos de la foule.

M. le Sous-Inspecteur, reconnaissant qu'il lui est impossible d'accomplir sur l'heure sa délicate mission, se retire par la porte latérale, accompagné par M. le Président du Conseil de fabrique, tandis qu'une pétition, rédigée séance tenante, circule dans la sacristie et dans l'intérieur de l'église, et se couvre instantanément de signatures.

Une grande animation n'a cessé de régner, durant toute la matinée, aux abords de la paroisse. A un moment donné, deux jeunes apaches, agents provocateurs sans doute, ont essayé de provoquer une contre-manifestation. Ils n'ont trouvé autour d'eux aucun écho ; ils ont été obligés, devant l'attitude hostile de la foule, qui voulait leur faire un mauvais parti, de battre prudemment en retraite.

Le soir, à 6 heures, au salut d'expiation qui avait été annoncé, une assistance très nombreuse et profondément recueillie remplissait littéralement l'église. M. le curé Bouyac est monté en chaire et, en quelques paroles empreintes d'un profond sentiment de gratitude, a remercié ses paroissiens de leur éloquente manifestation. Ils la devaient, cette manifestation, à Dieu d'abord, qui était méconnu dans sa propre demeure et jusqu'à la porte de son tabernacle, — à la paroisse, que l'on veut dépouiller de son patrimoine et de ses ressources, — et à eux-mêmes enfin, puisqu'ils ont tous une part de propriété dans les biens qu'on veut leur soustraire. Cette journée, a-t-il dit en terminant, est bien faite pour ranimer l'espérance ; elle montre que les catholiques sauront se montrer à la hauteur des devoirs que leur imposent les circonstances.

La bénédiction du T.-S. Sacrement a clôturé cette touchante cérémonie.

.·.

M. le Sous-Inspecteur n'ayant pu, le 31 janvier, accomplir sa pénible mission, est revenu à St-Pierre le mardi 13 février.

Dès 3 heures du matin, un certain nombre de paroissiens, tenant à honneur de protester contre l'acte ordonné par la loi de Séparation, s'étaient enfermés dans l'église, où l'inventaire devait avoir lieu à midi.

Vers 5 heures, la troupe, la gendarmerie, la police arrivent et se postent aux rues donnant accès aux trois portes de l'église.

C'est le même déploiement ridicule de forces que la veille pour St-Agricol.

A 7 heures, on frappe à la petite porte de la place des Châtaignes, donnant dans la sacristie. Un jeune homme parlemente de l'intérieur. A sa profonde stupéfaction, il apprend que son interlocuteur est M. le sous-inspecteur Baudouin. Il n'en peut croire ses oreilles, puisque celui-ci ne doit venir qu'à midi. Il avertit M. le curé-doyen Bouyac, qui se rend à la porte en question. C'est, en effet, M. Baudouin, venant annoncer que l'opération est avancée : au lieu de se faire à midi, l'inventaire se fera à 8 heures. Aussitôt un groupe de vaillants jeunes gens monte au clocher et sonne les cloches à toute volée, pendant que M. l'abbé Lanet va prévenir les fabriciens.

Les fidèles présents se groupent dans le chœur et récitent des prières. M. le Curé et ses vicaires attendent, également, dans le chœur. Modifiant la prémière ligne de conduite, M. Frédéric d'Oléon, président du Conseil de fabrique, fait ouvrir la grande porte de la place St-Pierre.

A 8 heures, un bruit de pas du côté de cette porte : ce sont le directeur de l'Enregistrement, M. Sappet, et son sous-inspecteur, M. Baudouin, suivis du Préfet, du Commandant de gendarmerie, du Commissaire central et de deux agents en bourgeois. Une quinzaine d'autres agents en tenue restent massés contre la porte, à l'intérieur. Les fidèles, très calmes, chantent des cantiques. Ce calme, probablement inattendu, parait impressionner les envahisseurs, qui, avec un visible embarras, traversent rapidement la grande nef.

A la table de communion, le cortège officiel s'arrête. Seuls, le Directeur et le Sous-Inspecteur continuent leur marche. Lorsqu'ils passent auprès de M. le Curé, assis dans sa stalle, celui-ci se lève et proteste de nouveau contre l'inventaire.

Voici du reste les termes exacts de sa protestation :

Nous avons déjà protesté contre un acte qui n'est que le prélude d'une spoliation sacrilège.

Cette protestation, que nous dicte notre conscience de chrétien et de prêtre, nous la renouvelons aujourd'hui, avec toute l'énergie de nos âmes opprimées.

Je proteste, en plus, contre le changement d'heure, au dernier moment, et qui prive certains de Messieurs les membres du Conseil de fabrique du droit que leur donne la loi d'assister à cet inventaire pour sauvegarder les droits de l'Église.

En vous laissant continuer votre triste besogne, je ne cède qu'à la force ; je décline toute responsabilité et refuse toute signature.

M. l'abbé Bouyac laisse ces messieurs aller directement à la sacristie. En passant devant le maître-autel où est la Sainte Réserve, MM. Sappet et Baudouin font la génuflexion.

Dans la sacristie tout se passe le plus simplement du monde et aussi le plus rapidement. En quelques minutes l'inventaire (!) est bâclé par le Sous-Inspecteur, le Directeur s'en étant allé et l'ayant laissé seul.

Durant cette opération, le Préfet, tête nue, ne sachant comment se tenir pour n'avoir pas l'air trop embarrassé, tourne la tête de tous les côtés comme pour admirer l'église. Le Commandant de gendarmerie et le Commissaire central en font autant. Finalement, sans attendre la fin, chacun d'eux s'en va d'une allure gênée. On devine aisément qu'ils sont tous honteux de leurs personnages.

Pour la forme, semble-t-il, M. le Sous-Inspecteur parcourt rapidement toute la longueur de l'église, son carnet à la main, et après quelques notes griffonnées en hâte sur ce carnet, disparaît. Les fidèles s'en vont à leur tour.

Enfoncement de la porte de Saint-Didier
par les sapeurs du Génie.

A Saint-Didier

Après la première visite à la Métropole, le 3o Janvier, où l'on a vu que la foule fit aux envoyés du gouvernement une réception dont ils garderont un souvenir plutôt pénible ; — après l'inventaire de Saint-Agricol, où la vaillante attitude du vénérable archiprêtre contrasta si dignement avec la brutale agression de M. le préfet Belleudy ; — après l'inventaire des Carmes, où le même préfet reçut, sous les quolibets de la foule, une si mortifiante déconvenue ; — après l'inventaire de Saint-Pierre, où M. le Curé, assisté de son Conseil de fabrique et de ses paroissiens, maintint si énergiquement les droits de son église, — c'était, maintenant, le tour de la paroisse Saint-Didier.

Ici, l'inventaire devait être caractérisé, plus odieusement encore, par un acte de véritable et violente effraction.

Les préliminaires

Depuis plusieurs jours on en parlait partout..... Les bruits les plus absurdes, les racontars les plus fantaisistes étaient répandus comme à plaisir..... « Huit cents jardiniers de Saint-Gabriel seraient là avec leurs fouches !... Les portes seraient murées !... elles seraient défendues par toute une population armée jusqu'aux dents et résolue à se défendre jusqu'au bout !... Les pierres de la toiture tomberaient elles-mêmes sur les agents au moment de l'enfoncement de la porte !... etc., etc... »

Ce qui est inadmissible, c'est que de pareilles rumeurs, qui portaient avec elles le caractère manifeste de leur exagération et de leur invraisemblance, aient pu trouver crédit à la Préfecture, et y répandre une véritable terreur, au point d'inspirer les mesures les plus exagérées et les plus fantastiques.

Deux gardes d'honneur

Le jeudi, 15 février, dès deux heures de l'aprèsmidi, un groupe d'hommes dévoués et énergiques entrent dans l'église, résolues à la défendre, en cas de besoin : c'est la garde d'honneur du sanctuaire...

Nul n'ignore qu'une véritable horde d'individus inconnus, à mauvaise mine, comme il n'en sort qu'aux jours de désordre, est accourue de tous côtés dans la ville pour prêter main forte aux assaillants.

Ce sont ces mêmes individus qui, pour leurs quarante sous, crieront dans les rues : *A bas la calotte !* injurieront, bousculeront et frapperont de paisibles avignonais, accompagneront enfin M. le préfet Belleudy au chant de l'*Internationale :* ils se sont appelés eux-mêmes les Apaches de M. le Préfet !...

L'investissement

Vers 5 heures du soir, un peloton de gendarmes, suivi d'un détachement d'agents de police, se présente inopinément aux portes de l'église, dont ils interdisent l'accès.

Ils font un tel tapage, les apaches qui rôdent tout autour ont une attitude si provocante, que toutes les personnes présentes dans l'église se voient obligées d'y passer la nuit.

Il ne fut pas même possible de faire sortir, comme on l'aurait désiré, les femmes qui se trouvaient elles aussi enfermées. La formidable poussée exercée au moment où quelques personnes de l'extérieur voulurent, dans la soirée, faire pénétrer des vivres, atteste l'exactitude de cette information que l'on a vainement essayé de démentir, et que nous maintenons énergiquement.

Ainsi bloquées et obligées de soutenir un véritable siège, les personnes enfermées résolurent d'opposer une résistance passive, en fermant et barricadant les portes du lieu saint.

C'était de bonne guerre : on les assaillait ; elles s'efforçaient à leur tour de tenir dehors les assaillants.

Dès 6 heures, une compagnie du 58e d'infanterie vient renforcer les gendarmes et les agents ; elle passera la nuit sous les murs de la place...

A ce moment, le Commissaire central affiche à la porte un arrêté municipal interdisant l'entrée de l'église. Nous ne nous arrêterons pas à en discuter la légalité ; nous nous bornerons à faire remarquer qu'il arrivait bien tard, qu'il était mis à exécution sans aucune des conditions voulues de publicité préalable, et que, dans tous les cas, s'il interdisait de rentrer dans l'église, il n'ordonnait pas d'en sortir.

La veillée

La nuit commence.

Au dehors, agents, soldats et gendarmes battent la semelle et maugréent entre les dents contre la pénible corvée qui leur est imposée.

La place est encombrée par des groupes nombreux où l'on discute sur cet appareil de force publique, sur la résistance qui se prépare à l'intérieur, et sur les événements qui peuvent se produire le lendemain.

Vers 11 heures du soir, nous faisons nous-mêmes le tour de l'église ; la circulation est difficile au milieu de l'encombrement ; nous nous mêlons aux groupes stationnés, et nous recueillons les impressions du public, fâcheusement impressionné par ces mesures extrêmes, attestant, de la part de l'autorité, un manque absolu de clairvoyance et de sang-froid.

M. le Préfet, accompagné du Commandant de gendarmerie, vient, en personne, dans la soirée, faire une ronde et s'assurer que ses ordres ont été fidèlement exécutés.

Au dedans les assiégés achèvent leurs préparatifs, puis se mettent en prière, en attendant le lever du jour. A 4 heures, M. l'abbé Garnier, vicaire de la paroisse, célèbre la sainte messe. A cette heure matinale, sous la lueur de quelques cierges éclairant de clartés vacillantes les sombres profondeurs de l'édifice, et au milieu des bruits perçus du dehors, on se serait cru en Vendée, sous le règne de la Terreur.

La matinée

Vendredi, 16 février, 7 heures du matin. — L'église, circonvenue par de nouveaux renforts, est entourée maintenant de plus de mille soldats, gendarmes et agents qui balaient la place. Personne ne peut plus pénétrer dans le périmètre compris entre les rues Prévot, Galante, des Fourbisseurs, de la Masse et des Trois-Faucons.

M. le Commissaire central avait même poussé la précaution jusqu'à demander aux propriétaires des maisons voisines de ne laisser s'installer personne à leurs fenêtres.

Soudain, les cloches, mises en branle par des bras vigoureux, s'agitent en sonneries précipitées ; de 7 heures du matin à 1 heure de l'après-midi, elles ne cesseront de sonner le tocsin.

Vers 9 heures, M. l'abbé Rollot, vicaire, est envoyé par M. le chanoine Silvestre, curé, pour voir s'il lui serait possible, ainsi qu'aux membres du Conseil de fabrique, de pénétrer dans l'église. Il est aussitôt entouré par les policiers qui espèrent obtenir de lui quelques renseignements sur le nombre et les intentions des défenseurs.

— Nous le verrons ensemble tout à l'heure, leur répond-il.

L'arrivée de M. le Curé

Un peu avant 11 heures arrivent M. le chanoine Silvestre et deux de ses vicaires, M. l'abbé Suau et M. l'abbé Rollot. — On a vu que M. l'abbé Garnier était au nombre des personnes enfermées dans l'église.

Ils sont suivis des membres du Conseil de fabrique : M. le commandant Ainaud, président, M. Coulondres, président du bureau, marquis d'Aulan, comte J. de Félix, MM. P. Fabre, H. Vernet, Siaud, Laurent Duch, Benoit.

Les uns et les autres se présentent aux portes qu'ils trouvent fermées. Ils sont donc obligés de rester à l'extérieur, sur le pas du portail latéral, où M. le Curé recevra M. le Préfet, ainsi que les agents du fisc, et leur donnera lecture de sa protestation.

L'arrivée de M. le Préfet

Onze heures sonnent, l'heure annoncée pour la visite officielle.

M. le Préfet débouche sur la place, escorté du Commandant de gendarmerie, du Commissaire central et des représentants de la municipalité. Il est suivi par une bonne escorte d'agents, sans parler de la tourbe des apaches. Il vient de la Préfecture par la rue de la République, où il a été l'objet d'une démonstration franchement et énergiquement hostile. Sur tout le parcours, ce n'a été qu'une bordée ininterrompue de huées et de sifflets, mêlés aux cris de : *Vive la liberté !*

Les apaches crient, de leur côté : *A bas la calotte !* mais leurs contre-manifestations isolées sont étouffées dans la manifestation générale. Ils essaient même de se livrer à quelques tentatives de voies de fait, qui sont aussitôt réprimées.

Notre grande artère offre un aspect d'agitation indicible ; les esprits sont très surexcités ; il règne comme une atmosphère précurseur de guerre civile, et l'on peut craindre, à un moment, les plus fâcheuses extrémités. Les grands établissements de crédit et les magasins ferment leurs devantures.

A son arrivée devant la porte de l'église, M. le Préfet salue d'un visage blème M. le Curé et les membres du Conseil de fabrique ; il s'efforce de garder, cette fois, une attitude respectueuse et courtoise.

Se trouvent sur les lieux, M. Sappet, directeur de l'Enregistrement, et M. Sévené, sous-inspecteur, qui a été mandé spécialement par son administration pour procéder aux opérations de l'inventaire de St-Didier.

Les protestations

Devant la porte fermée de l'Église, M. le chanoine Silvestre donne lecture de la protestation dont voici le texte :

Monsieur,

En qualité de curé de la paroisse Saint-Didier, d'Avignon, je proteste énergiquement contre les opérations qui vous ont été commandées.

Ma conscience se refuse à reconnaître le droit de l'État sur les biens immeubles ou meubles que vous vous proposez de décrire et d'estimer. Ces biens sont la propriété de l'église, au même titre que nos biens privés nous appartiennent, puisqu'ils ont été constitués également sous la protection et selon les règles du droit civil.

Une loi de séparation ne saurait avoir pour effet que de les rendre plus sacrés et d'en éloigner le contrôle de l'État.

Cette église fut reconstruite, vers l'an 1350, au moyen des libéralités personnelles du cardinal de Denclo. Quant au clocher, qui menaçait ruine dans ces derniers temps, il a été restauré à grands frais des deniers de la Fabrique, sans le moindre secours pécuniaire de l'État, du département ou de la commune.

A l'intérieur de l'église, le maître-autel fut acheté par les administrateurs de la paroisse, aux enchères publiques, du domaine national, en 1801 ; les décorations des chapelles, boiseries ou marbres, les ornements sacerdotaux, les divers objets mobiliers du culte, ont été renouvelés, grâce au dévouement de mes vénérés prédécesseurs et de Messieurs les fabriciens, aux aumônes des fidèles, aux largessses de paroissiens aisés.

Les noms des Beriaud, Fabris, Croze, de Chambonnet, Michel-Bent et beaucoup d'autres mériteraient d'être inscrits en lettres d'or dans le sanctuaire ou dans les chapelles.

Je déclare réserver tous les droits tant des familles de nos bienfaiteurs que de l'église elle-même sur les biens que contient cet édifice sacré.

Clergé et fabriciens, nous assisterons comme simples spectateurs écœurés et défenseurs impuissants à un inventaire dont les détails pourront servir plus tard de documents pour la spoliation de nos églises, et nous ne saurions le signer.

Vous voudrez bien, Monsieur, joindre la présente protestation au procès-verbal de vos opérations.

SILVESTRE,
prêtre, chanoine honoraire, curé.

Au nom du Conseil de fabrique, le commandant Ainaud donne, de son côté, lecture de la protestation suivante :

Nous soussignés, membres du Conseil de fabrique à l'église Saint-Didier, déclarons que, par notre présence à l'inventaire, nous protestons contre cet acte odieux qui facilitera la mainmise sur les dons des fidèles, nous n'entendons en aucune manière donner approbation quelconque à la loi de Séparation, à ses ordonnances et conséquences, prêts à nous soumettre entièrement aux instructions pontificales. Nous refusons tout acquiescement à l'aliénation, à la désaffectation et à la transmission d'une partie, si minime soit-elle, des biens de la Fabrique. En foi de quoi nous avons lu et remis à l'agent chargé d'inventorier la présente déclaration et l'enjoignons de l'insérer au procès-verbal.

Les agents du fisc

M. Sappet, directeur de l'Enregistrement, croit devoir relever le mot de « spoliation » dont s'est servi M. le Curé.

— La spoliation, dit-il, n'est ni dans le texte, ni dans l'esprit de la loi.

On a pu se convaincre, par la protestation ci-dessus, que M. le Curé appliquait ce mot de « spoliation » non point à l'inventaire prescrit par la loi de Séparation, mais aux actes dont cet inventaire pourrait par la suite devenir le point de départ. Il y a là plus qu'une nuance qui a échappé sans doute à M. le Directeur de l'Enregistrement, et qu'il était bon de signaler.

M. Sévené, sous-inspecteur, proteste, en termes très corrects, de ses intentions et du désir qui l'anime d'apporter à l'exécution de son mandat la plus grande impartialité et la plus parfaite modération.

M. Sappet reprend la parole et s'élève contre la présence d'un certain nombre de personnes dans l'église. Cette présence, dit-il, est en violation de l'arrêté municipal qui, dès la veille au soir, interdisait l'accès de l'église.

— Pardon, riposte le comte J. de Félix ; l'arrêté de M. le Maire n'a été publié qu'hier soir, à 6 heures, alors que ces personnes étaient déjà dans l'église ; elles n'ont pu le connaître, et elles en ignorent encore, à l'heure actuelle, l'existence. L'arrêté, d'ailleurs, interdisait de rentrer dans l'église, mais ne prescrivait nullement d'en sortir. Personne, par conséquent, pas plus à l'intérieur qu'à l'extérieur, n'a enfreint ses dispositions.

Perplexités de M. le Préfet

M. le Préfet s'était tenu à distance pendant ces divers colloques ; il s'avance cependant de M. le Curé et lui enjoint, aux termes d'une réquisition qui vient d'être prise séance tenante, de lui remettre les clefs de l'église.

— Je ne le puis, répond M. le Curé, et cela pour deux raisons : la première, c'est que les clefs ne sont pas en ma possession, les portes se fermant à l'intérieur ; la seconde, c'est que, dans le cas présent, il ne m'appartiendrait pas à moi-même de les ouvrir.

— Alors, vous êtes responsable de la résistance.

— Nullement ; rien de ce qui s'est fait ne s'est fait par mon ordre.

M. le Préfet se retire à l'écart. Anxieusement, il se consulte avec M. le Procureur de la République et le Commissaire central. Il est visiblement dans l'embarras, il semble hésiter sur la résolution à prendre. Mais il ne peut reculer : il a promis de venir à bout de la forteresse de Saint-Didier !

Les sommations

M. le Commissaire central s'avance, et, frappant à plusieurs reprises le portail avec la baïonnette d'un soldat, il prononce la formule de sommation usitée : Au nom de la loi, ouvrez.

Aucune réponse.

— Faites, dit alors fiévreusement M. le Préfet à l'officier qui commande le détachement du génie.

L'effraction

La sacrilège effraction va donc commencer.

Armés d'une énorme poutre de fer à T, d'un poids de 250 kilos, et d'une longueur de 4^m50, qu'ils sont allés réquisitionner dans le voisinage, sur la terrasse de M. Bobba, serrurier, les soldats s'en servent comme d'un bélier pour frapper la porte à coups redoublés.

Les coups retentissent au loin et rencontrent dans tous les cœurs un douloureux écho. Mais la porte est solide ; elle résiste, et résiste longtemps.

Leviers, haches et pics sont également employés, mais inutilement. Plusieurs de ces instruments même se brisent.

Les ouvriers civils ont été vainement sollicités de prêter leur concours pour l'accomplissement de la triste besogne. Tous ont nettement refusé.

Près d'une heure, les efforts des soldats demeurent infructueux. M. le Préfet se dépite et mord furieusement sa moustache ; au loin, les témoins attristés de cette scène manifestent hautement leur indignation.

Un panneau cède enfin. Le Préfet s'approche, espérant qu'il va pouvoir pénétrer, et voulant auparavant explorer les lieux par la brèche.

Mais ce n'est pas fini. Les sapeurs du génie doivent encore sortir péniblement trois rangées de chaises superposées et reliées solidement les unes aux autres par de gros fils de fer. Il leur faut ensuite enfoncer la porte du tambour intérieur, derrière laquelle ils se heurtent encore à toute une barricade d'objets amoncelés : armoires, banc d'œuvre, confessionnaux et jusqu'à un catafalque qui ferment l'accès de la nef. Cette nouvelle série d'opérations exige encore près d'une heure de temps.

Entrée dans la place

A une heure, à travers les deux portes, dont les débris jonchent le sol, les envahisseurs peuvent enfin pénétrer.

Ils ne se hasardent qu'avec les plus grandes précautions, mais ne volent personne.

M. le Préfet ne paraît pas pour cela rassuré.

S'adressant à ses agents : « Fouillez partout », leur dit-il ; puis au clergé qui s'avance en tête dans l'intérieur de l'église : « Vous répondez de nous », ajoute-t-il.

L'effroi mal déguisé des représentants de la loi, l'attitude apeurée et indécise des agents, sont curieux à observer.

M. le Sous-Inspecteur commence cependant à remplir sa mission, laquelle sera bâclée en moins d'une demi-heure.

Quand on approche de la sacristie, l'inquiétude augmente encore chez le Préfet et dans son entourage. Si le sol était miné !...

— Où mène ce couloir sombre ? demande M. Sappet, en désignant l'étroit couloir qui relie une dépendance de la sacristie à la porte d'entrée du clocher... Je vous en prie, M. le Préfet, faites visiter cette impasse, je ne puis exposer la vie de mon subordonné.

M. le Préfet, pour toute réponse, esquisse un geste qui semble signifier : J'en ai assez comme cela, laissez-moi tranquille !

Le dernier refuge des assiégés

Mais où sont donc les terribles défenseurs ?

A ce moment, un agent ouvre la porte de la seconde sacristie qui était à peine poussée, et derrière laquelle se tenaient, dans une attitude qui n'avait rien de menaçant, une quarantaine de personnes, hommes, jeunes gens ou femmes, attendant tranquillement la fin de cette expédition digne du héros de Cervantès.

Pas un seul paysan avec sa fourche !...

M. le Préfet, déconcerté, n'en peut croire à ses yeux. C'est la seconde fois pourtant, dans l'espace de quarante-huit heures, qu'on lui inflige la même leçon, et qu'il est la victime de ses chimériques terreurs.

Apercevant M. l'abbé Garnier qui s'avance pour lire une déclaration :

— Que faites-vous ici, vous ? lui dit-il rageusement. Vous agissez contre la volonté de votre curé.

— Je suis ici de service d'ordre ; je remplis mon devoir.

Et M. le Préfet Belleudy veut répéter son geste de Saint-Agricol, qui, paraît-il, est une manie.

Il se précipite vers l'abbé Garnier et s'efforce de saisir son papier, en lui disant brusquement :

— Je ne vous connais pas, je n'ai pas à vous entendre !

Mais l'abbé Garnier a mis vivement le papier derrière son dos.

Le préfet ne peut le prendre ; l'abbé ne peut pas davantage le lire.

Il contenait ceci :

Tous, au même titre, catholiques, nous sommes chez nous.

Dès hier soir, six heures, on a tenté de forcer les portes de notre église ; notre devoir, donc, était de défendre nos biens, au moins contre les voleurs de nuit !

Si un de nous est coupable, nous le sommes tous, prêts à vous suivre ou à sortir paisiblement, sans offrir de résistance aux quinze cents hommes de troupe qu'on nous oppose.

Nous ne demanderons qu'une seule chose : c'est de protéger, à la sortie, les dames qui sont prisonnières avec nous.

Vive la liberté !

Sur les ordres du Préfet, le Commissaire central fait subir à tous les assiégés indistinctement un interrogatoire sommaire ; il prend leurs noms et prénoms, puis les fait reconduire à la porte, sous l'escorte de deux agents.

Aucune arrestation n'eut lieu et ne pouvait être opérée, personne, ainsi qu'on l'a vu déjà, ne s'étant rendu coupable d'aucun délit ni même d'aucune contravention.

Retour à la Préfecture

C'était fini, et M. Belleudy n'avait plus qu'à rentrer chez lui.

Honteux comme un renard qu'une poule aurait pris.

Vers 2 heures de l'après-midi, il reprend le chemin de la préfecture, escorté par une véritable garde du corps de gendarmes et de policiers.

Sur son passage, la tourbe des apaches crie à tue-tête : *A bas la calotte !* et vocifère l'*Internationale*.

Les manifestations qui s'étaient produites dès le

matin reprennent plus générales et plus ardentes encore. La rue de la République, où les devantures des magasins continuent à rester closes, est littéralement envahie par une foule très surexcitée. De toutes parts, aussi bien dans la rue qu'aux fenêtres et aux balcons, éclatent de formidables huées et des bordées de sifflets. Au chant de l'*Internationale* répond le chant populaire de *Prouvençau e Catouli*. Et sans discontinuer, cette conduite se prolonge, sur les pas du cortège, jusqu'à la Préfecture.

Des énergumènes ont réussi à isoler dans la foule quelques-uns de nos amis, — ils ne se sont jamais attaqués à des groupes quelconques, si peu nombreux qu'ils fussent, — et ont essayé de leur faire un mauvais parti. C'est ainsi que M. A. Reynaud, ancien notaire, M. le baron Duplessis de Pouzilhac, M. de Lamothe, le comte J. de Baroncelli-Javon, M. Chabrier et d'autres encore se sont vus, à certains moments, entourés, menacés, bousculés et frappés. Grâce à leur attitude énergique et à l'intervention de quelques amis, ils sont parvenus à se dégager, non sans avoir reçu pourtant quelques contusions, heureusement sans gravité.

Une troupe d'apaches, acharnée contre le R. P. Hilaire, religieux franciscain, l'a poursuivi à coups de pierres jusque sous les fenêtres du *Courrier du Midi*, où elle est venue, à deux reprises, proférer des menaces, briser une vitre, couper un cordon de sonnette et arracher une poignée de cuivre...

Nous n'avons pas à insister davantage sur ces incidents regrettables ; il nous suffit de les avoir signalés et d'en retenir l'enseignement qui s'en dégage : c'est qu'à Avignon, alors même qu'ils croient pouvoir compter sur l'inertie de l'autorité,

lès éléments de désordre ne sont ni les plus nombreux, ni les plus forts. Il a suffi, en somme, dans
cette journée, de quelques personnes énergiques et
résolues pour leur tenir tête.

Cérémonie de réparation

Tout le reste de la journée du 16 février, après
que le cordon des troupes d'investissement eut été
rompu, et que la foule, jusqu'alors tenue à distance,
put s'approcher de l'église, ce fut un pèlerinage à
la porte enfoncée. Les premiers arrivants en ramas-
sèrent les éclats qui étaient tout autour répandus
sur le sol. Ils les conservent précieusement comme
un souvenir et comme une relique.

Le surlendemain, dimanche, 18 février, eut lieu, à
Saint-Didier, une cérémonie dite de réparation. On
avait annoncé, pour la troubler, une contre-manifestation. Les catholiques n'en eurent pas le moindre
émoi ; déterminés à faire eux-mêmes la police, s'il en
était besoin, ils accoururent en masse. Le flot des
assistants refluait jusque sur la place où il formait
une agglomération compacte. Inutile de dire que les
apaches ne parurent point.

A l'issue des vêpres, M. le Curé monta en chaire, et
remercia chaleureusement tous ceux qui, dans cette
circonstance difficile, s'étaient fait un devoir d'apporter à la défense de leur église un concours si
généreux et si empressé. Au nom du divin Crucifié,
il fit entendre quelques paroles d'apaisement qui,
au milieu de l'émotion générale, pénétrèrent dans
tous les cœurs.

A la sortie, l'enthousiasme fut général et indes-
criptible. Durant plus d'une heure les chants des

cantiques retentirent sur la vaste place, traduisant, de la part des cœurs catholiques, une affirmation solennelle de leur foi et une nouvelle revendication de leur liberté.

Les sonneurs de Saint-Didier en simple police

Audience particulièrement mouvementée, mercredi, 7 mars, dans l'après-midi, au tribunal de simple police d'Avignon. Par avertissement du Commissaire central, huit jeunes gens appartenant à des familles des plus honorables d'Avignon, MM. Henri Siaud, Claudius de Dianous, Edouard Jourdan, Georges Bonnecaze, Emile de Miol, Pierre Fédou, Félix Coste et Antoine Lautier, avaient été appelés à comparaître devant ce tribunal pour avoir, aux termes de l'avertissement, « contrevenu au règlement du 4 juillet 1885 sur la sonnerie des cloches des églises » (art. 471, 15° du Code pénal).

Dès le début de l'audience, la salle est comble.

A l'appel du nom des prétendus contrevenants, M° Joseph Pons, avocat, ancien bâtonnier, se lève et déclare se présenter en leur nom.

L'audience est tenue par M. Garcin, juge de paix titulaire du canton nord. M. Chabrié, commissaire central, remplit les fonctions du ministère public.

M° Joseph Pons soulève une intéressante question de droit basée sur ce que le règlement du 4 juillet 1885 est non seulement sans application, mais inexistant, par suite de cette circonstance qu'il est uniquement basé sur la loi de germinal concernant le Concordat et sur l'article 100 de la loi municipale de 1884. Or, la loi de 1905 sur la séparation de l'Eglise et de l'Etat a abrogé précisément la loi de germinal et l'art. 100 en question

D'autre part, le nouveau règlement d'administration publique n'étant pas encore édicté, et la loi de Séparation n'ayant stipulé aucune mesure transitoire, il s'ensuit que le fait d'avoir sonné les cloches n'est atteint par aucun texte de loi ni par aucune prescription règlementaire. Dès lors, la poursuite n'a aucune raison d'être.

Grande surprise du Commissaire central, qui n'avait certainement pas prévu une argumentation juridique aussi imparable.

— Du reste, ajoute M⁰ Pons, on aurait mieux fait de poursuivre ceux qui, le même jour, ont réellement contrevenu aux prescriptions de la loi, notamment les apaches.....

A ce mot d'apache, M. Chabrié, commissaire central, bondit sur son siège.

— « D'apaches, il n'y en avait pas ce jour-là à Avignon... D'ailleurs, ajoute-t-il, tout rouge de colère, s'il y en avait, ils étaient parmi les vôtres. »

De nombreuses protestations saluent ces paroles maladroites.

M. le Juge de paix s'en prend à l'avocat, et l'accuse d'avoir cherché à soulever un incident.

— Je n'ai soulevé aucun incident, réplique M⁰ Joseph Pons, je suis resté dans les faits de la cause ; ce sont les paroles de M. le Commissaire central qui ont provoqué dans l'assistance l'émotion que vous avez pu constater.

Des applaudissements éclatent dans la salle, et M. le Juge de paix donne l'ordre de la faire évacuer.

Les agents font sortir, non seulement du prétoire, mais encore des pas perdus, la foule qui se groupe sur la place de l'Horloge, devant la porte de l'hôtel de ville.

L'audience est reprise, et après un nouvel échange de paroles entre le juge de paix et la défense, Mᵉ Joseph Pons dépose ses conclusions tendant au relaxe de ses clients.

M. le Juge de paix déclare qu'il rendra son jugement à une audience ultérieure.

A la sortie, la foule applaudit le défenseur et lui fait une chaleureuse ovation.

Nous aurions bien désiré, pour compléter ces lignes, enregistrer la solution de l'affaire des sonneurs de Saint-Didier; mais, à l'heure où paraît notre brochure, M. Garcin, juge de paix, qui est en congé régulier, n'a point encore rendu sa décision. Le verdict ne sera prononcé, paraît-il, qu'à l'audience du mercredi 28 mars.

A Saint-Symphorien

Les préliminaires

Les bruits les plus fantaisistes avaient couru sur la défense organisée par les fidèles de cette paroisse ; on avait parlé de six cents hommes enfermés dans l'église, d'italiens décidés à se laisser passer sur le corps, etc. Aussi, le mercredi 14 février, dès minuit, les agents de police rôdent-ils non-seulement sous la halle de la place des Carmes, mais dans les rues adjacentes.

Bientôt le service d'ordre s'organise plus imposant encore qu'aux opérations précédentes. Infanterie, génie, gendarmerie, sergents de ville se massent sur la place que décore si mal la hideuse fontaine dont M. Pourquery de Boisserin dit parfois, avec des larmes dans la voix, qu'elle est le premier monument républicain élevé dans Avignon.

L'infortunée Marianne, plus habituée à dominer les vieux fers et les sacs de pommes de terre que les képis de la force armée, va en voir de belles !

Vers 10 heures et demie, l'organisateur de la victoire, le héros Belleudy, dit Bérenger — (rien du *Père la Pudeur)* — arrive en grand uniforme, accom-

Devant l'église des Carmes.

pagné de M. le Commissaire central, de M. le Maire,
de MM. Mortz, adjoint, Sappet, directeur de l'Enregistrement, et Bruel, inspecteur.

L'arrivée de ce cortège, soigneusement environné
d'agents, déchaîne des tempêtes dans la rue Caret-
terie ; les fenêtres et les toits regorgent de manifestants qui font entendre des cris et des sifflets hostiles.
Incommodé par cet accueil, M. Belleudy se plaint
aux chefs de la police et les agents font mine de
prendre des noms, ce qui réjouit beaucoup les
manifestants.

Les cloches sonnent à toute volée et les assaillants
commencent à se demander avec inquiétude ce qui
les attend derrière les portes closes du sanctuaire.

Onze heures sonnent au clocher des Augustins ;
une masse compacte d'agents se rend lentement à
l'entrée de l'église... La minute est solennelle.

Cruelle attente

Avec beaucoup de circonspection, on frappe à la
porte latérale de gauche, une fois, deux fois, trois
fois, sans résultat... On tend l'oreille ; aucun bruit
dans l'intérieur du sanctuaire...

M. le Préfet prend, séance tenance, un arrêté
enjoignant à M. le Curé et aux membres du Conseil
de fabrique de livrer les clefs de l'église. Il envoie
cette réquisition aux parties intéressées par le sacristain qui se tenait sur les lieux.

Dix minutes s'écoulent ; tous les regards se tour-
nent du côté de la rue des Infirmières, où le sacristain
a disparu... Il revient seul, porteur de la réponse
suivante :

Monsieur le Préfet,

Le Curé de Saint-Symphorien et le Président des marguilliers ne se rendent pas du tout à la sommation que vous leur faites de vous livrer les clés de l'église. Ils protestent hautement contre l'Inventaire qui va être fait et laissent aux autorités civiles seules le soin de le faire.

Fait à Avignon, le 14 février 1906.

La porte est enfoncée

Très méfiant, M. le Préfet fait alors enfoncer la porte par les sapeurs du génie, sous les clameurs de la foule...

La porte cède ; on entre avec précaution... Le glorieux vainqueur de St-Agricol, qui s'apprêtait déjà à lancer ses agents contre les six cents paroissiens, s'arrête atterré... L'église est vide, absolument vide.

— « Voyez aux orgues », dit le prudent Belleudy, avant de se risquer ; deux agents regardent...

Rien, rien, rien..

Dans l'église

La stupeur est profonde dans les rangs des inquisiteurs. Bientôt plusieurs commencent à rire sous cape de la mine déconfite de notre premier magistrat.

M. Belleudy refuse d'en croire ses yeux. Quoi ! pas le plus petit curé à maltraiter, pas une dame à faire bourrer de coups de poing !

A vaincre sans péril on triomphe sans gloire !

Mais M. Belleudy veut des périls quand même... « A la sacristie ! » s'écrie-t-il, et l'on s'y rend, non sans inspecter les chapelles latérales et les confessionnaux. Mais à la sacristie, rien, toujours rien, pas même un pétard explosif dans les placards... Cette fois-ci, ceux qui ne sont là que contraints et forcés. ne dissimulent plus leur gaité, sans crainte du sourcil préfectoral étrangement froncé.

Une jolie leçon

Les agents du fisc se mettent en devoir de procéder à leur inventaire.

A ce moment, le sacristain remet à M. le Préfet, sur une feuille de papier, la communication suivante :

En présence des faits regrettables qui se sont passés à Saint-Agricol et des violences dont M. le Curé a été l'objet de la part de M. le Préfet, les vicaires, le Conseil de fabrique et les paroissiens de Saint-Symphorien, ne voulant pas exposer leur vénéré pasteur à de pareils procédés, ont décidé de ne pas répondre à la convocation, laissant aux autorités administratives la responsabilité entière de leurs actes et de leurs conséquences.

A cette communication est jointe la protestation de M. le chanoine Romette, curé de la paroisse, que le sacristain est également chargé de remettre à M. le Préfet, et dont nous reproduisons ci-après le texte :

Monsieur,

Comme Curé de cette paroisse et à titre de gardien officiel de cette église et de tous les biens et droits qui lui appartiennent, en mon nom personnel, au nom de notre Conseil de fabrique tout entier, des prêtres de cette paroisse, mes chers collaborateurs, et de tous les paroissiens, au nom de Monseigneur notre Archevêque qui nous fait une obligation d'élever des paroles de protestation, au nom surtout de Notre-Seigneur Jésus-Christ, l'hôte adorable de ce temple saint, notre maître souverain et notre juge suprême à tous, j'ai la douloureuse mission de vous déclarer que nous protestons tous hautement contre l'inventaire sacrilège que vous venez faire ici.

Les biens que vous allez inventorier sont la légitime propriété de l'Église et nous ne reconnaissons, d'aucune manière, le droit que le Gouvernement prétend s'attribuer sur ce dépôt sacré, dons de la générosité, de la foi et de la piété des paroissiens et de leurs religieux ancêtres.

Seul, le Souverain Pontife a le droit de disposer de tout ce qui appartient à l'Église et d'en faire l'attribution à qui il jugera convenable. C'est pourquoi, jusqu'à ce que le Pape se soit prononcé à ce sujet, nous réservons tous nos droits et tous les moyens de les revendiquer.

En conséquence, ni le Curé de Saint-Symphorien, ni aucun des membres de la Fabrique de cette paroisse ne prendront aucune part active à l'inventaire qui pourra être fait. Tout au plus pourrons-nous assister à cette douloureuse opération en spectateurs profondément attristés. Nous ne signerons pas.

Je le sais, cette protestation n'est, pour le moment, que le cri de la faiblesse et de la justice opprimées par la force et l'injustice. Mais je tiens à le dire bien haut : la force et l'injustice ne durent qu'un temps limité. Le droit et la justice, même opprimés, restent immortels, et Dieu, qui en est la source, s'en fait tôt ou tard l'implacable vengeur.

Veuillez, néanmoins, Monsieur, insérer dans votre procès-verbal cette protestation et les réserves que voici :

Nous déclarons :

1° Que cette église, lorsqu'elle fut rouverte au culte, le 12 mars 1803, était dépourvue de tout son mobilier par suite des ravages qu'elle eut à subir pendant la période révolutionnaire ;

2° Que tous les objets mobiliers destinés au culte dans cette église appartiennent à la Fabrique qui les a acquis de ses deniers, ou bien sont la propriété individuelle ou collective des paroissiens généreux qui les ont mis à la disposition de la Fabrique pour l'ornementation de cet édifice sacré et des quatorze chapelles latérales qui s'y trouvent.

3° Enfin, le Conseil de fabrique revendique tout particulière-

ment comme son exclusive propriété les objets suivants, à titre
de meubles par destination :

Les cloches ;

Le maître-autel et les autels latéraux ;

La chaire à prêcher ;

Les grandes orgues ;

L'installation de l'éclairage au gaz de l'église et de la
sacristie.

Toutes ces protestations et réserves faites, pour éviter tout
autre malheur, nous nous reconnaissons forcés de céder à la
force et à la violence.

Fait et signé à Avignon, le 14 février 1906.

ROMETTE, *curé, ch. h.*

A la protestation de M. le Curé est jointe celle du
Conseil de fabrique :

Le Conseil de fabrique de la paroisse de Saint-Symphorien
s'associe de tout cœur à la protestation de son vénéré Curé et
refuse de participer, en quoi que ce soit, à l'inventaire, prélude
de la spoliation.

Avignon, 14 février 1906.

MM. C. VAGNEUR, *président ;* J. COLLET,
président honoraire ; Bienvenu ROUX,
secrétaire du Conseil ; SAGNIER, *tréso-*
rier ; F. CAIRE, *secrétaire du bureau ;*
E. MARTIN, Ph. PRÉVOT, J. IMBERT,
J. PERVOD.

La déconvenue de M. le Préfet — Ses explications

En recevant communication de ces documents,
et surtout en lisant la déclaration qui rappelait
les violences de M. le Préfet à St-Agricol et les
invoquait comme le motif très légitime qui avait fait
imposer aujourd'hui à M. le Curé son éloignement,
M. Belleudy reste absolument interloqué.

Il interpelle les journalistes, — ceux du moins que sa rancune n'a pas fait exclure, car nos amis, MM. L. Réau, correspondant du *Nouvelliste de Lyon*, et Grégoire, correspondant du *Soleil du Midi*, se sont vus brutalement interdire l'accès de l'église par la police, en vertu des ordres supérieurs qu'elle avait reçus.

M. le Préfet essaie de se disculper de son acte de violence de lundi. Il raconte l'histoire de St-Agricol à sa façon ; mais il trouve à qui parler : avec beaucoup de calme, M. l'abbé Thuélin, rédacteur à la *Croix d'Avignon*, qui avait été témoin des incidents de St-Agricol, lui inflige un démenti formel et lui rappelle qu'il a saisi brutalement la protestation de M. le Curé.

— Il est parfaitement vrai, M. le Préfet, dit-il, que vous avez eu une attitude que je m'abstiens de qualifier à l'endroit d'un vénérable prêtre à cheveux blancs. Vous l'avez bousculé et, sur un ton inconvenant, vous vous êtes opposé à la lecture de sa feuille, répétant : « Je ne suis pas venu ici pour écouter votre protestation ! »

— Cette protestation était injurieuse et j'aurais pu poursuivre, répond le Préfet.

— Qu'en saviez-vous, Monsieur, riposte M. l'abbé Thuélin, puisque vous n'en aviez pas encore connaissance ?... Et vous avez fait plus, vous l'avez déchirée entre les mains de M. le chanoine Faury.

— Pardon, je ne l'ai pas déchirée, et la preuve, c'est que M. le Curé a pu la lire intacte.

— Il a lu une protestation intacte, c'est vrai, mais c'est celle que mon confrère, M. Capeau, possédait en double et qu'il lui rendit. Vous aviez déchiré l'autre. J'affirme que votre attitude a indigné tous les catholiques qui en furent témoins, et qu'elle risquait de provoquer de violentes bagarres.

Le Préfet, démonté, conclut : « Après tout, je me f... des appréciations de la presse... »

!!!

Le départ — Les incidents de la rue

Honteux, Belleudy le Victorieux bat en retraite.

Il est accueilli par les cris de : « Bredouille ! Bredouille ! », les sifflets et les quolibets des catholiques massés aux fenêtres voisines et qu'il défie de ses ricanements.

Puis, le cortège se met en marche ; à un coin de rue, le malheureux Préfet est réconforté par les accents de la *Carmagnole* et de l'*Internationale* ; il salue avec reconnaissance ces intrépides « quarante-sous », et se retire au milieu des sifflets et des cris de l'immense majorité de la foule.

Dans la rue Guillaume-Puy, quelques vauriens houspillent un jeune prêtre que M. le Dr Michel-Béchet recueille dans sa voiture, non sans être lui-même insulté par ces apaches.

Puis la foule se disperse en commentant ce siège mémorable d'une église vide et en approuvant unanimement l'attitude du clergé, du Conseil de fabrique et des paroissiens de St-Symphorien.

A la Barthelasse

L'inventaire a eu lieu, lundi matin, 19 février, a 10 heures, dans la petite église de la Barthelasse, succursale de la paroisse de St-Agricol.

Après sommation faite par le Commissaire central, accompagnant M. Baudouin, sous-inspecteur de l'Enregistrement, la porte a été ouverte. Daus l'intérieur se trouvaient une cinquantaine de personnes chantant des cantiques. Une dizaine d'agents et deux brigades de gendarmerie ayant à leur tête M. Chabrié, commissaire central, et M. Reynaud, commissaire du canton sud, avaient été mobilisés.

M. le curé Levezou, entouré des membres du Conseil de fabrique, MM. Reboul Auguste, agriculteur, président ; Mathon Alfred, agriculteur ; Pierre de Brunet, propriétaire-éleveur ; Combe Théophile et Vigne Adolphe, agriculteurs, a lu la protestation suivante :

Monsieur,

Avant de procéder à l'inventaire de cette pauvre église de la Barthelasse, je dois vous faire entendre, en mon nom, au nom du Conseil de fabrique et au nom des fidèles de cette paroisse, une légitime et énergique protestation.

Vous venez violer une propriété privée, car ici, rien n'appartient à l'État, ni à la commune d'Avignon.

Tout est la propriété de la Fabrique et de cette catholique et laborieuse population. Le presbytère et son jardin, l'église et le terrain qui l'entoure, les vases sacrés, les autels, les ornements, les statues, l'harmonium, sont le fruit d'oblations et de quêtes ; la cloche a été donnée par un paroissien ici présent.

Nous possédons tous nos titres de propriété parfaitement en règle.

Le terrain sur lequel est construit le presbytère fut *offert* par M. Etienne Aubert, en 1865, et donné à la Fabrique par acte passé le 6 février 1871, par devant M° Coste, notaire à Avignon.

Le presbytère fut bâti en 1869 par souscription des habitants de l'Ile. Nous en avons la liste.

Le terrain sur lequel l'église est construite a été acheté et donné à la Fabrique par M. l'abbé Martin, ancien curé, par acte passé le 9 février 1877 par-devant M° Coste, notaire. Et cette église a été bâtie par souscriptions d'argent, de journées de travail et de charroi des propriétaires et fermiers de la Barthelasse. Je me fais un devoir de rappeler le souvenir de celui qui fut l'âme des souscriptions pour le presbytère et l'église et le promoteur de l'érection de cette église en succursale, M. Edmond de la Bastide, l'insigne bienfaiteur de cette paroisse.

L'Etat et la Commune ont toujours refusé toute subvention à la demande de la Fabrique, et pourtant la Barthelasse paie des impôts plus forts qu'ailleurs.

Nous sommes donc chez nous, propriétaires des biens, meubles et immeubles, et ce n'est que pour éviter l'emploi de la force que nous subissons aujourd'hui cet inventaire.

Mais nous faisons toutes nos réserves pour l'avenir. Nous sommes tous résolus à défendre ces biens par tous les moyens légaux, si jamais on en venait à une spoliation.

Constitué gardien de ces biens par mon titre de curé de cette paroisse, je proteste de toute mon énergie contre cet inventaire fait contre les décisions du Chef de l'Eglise, Notre Saint-Père Pie X, qui condamne, dans son Encyclique du 11 février, la loi de la Séparation « comme violant le droit naturel, le droit des gens et la fidélité due aux traités, comme contraire à la constitution divine de l'Église, à ses droits essentiels et à sa liberté, comme renversant la justice et foulant aux pieds les droits de propriété que l'Église a acquis à des titres multiples, et, en outre, en vertu du Concordat. »

Je vous prie, Monsieur, au besoin vous requiers, d'insérer cette protestation, avec les dates des titres des propriétaires, dans votre inventaire.

Après M. le curé Levezou, M. Reboul Auguste a lu la protestation du Conseil de fabrique.

L'agent du fisc a pénétré alors dans l'église et a procédé à son inventaire dans la sacristie.

Cette fâcheuse expédition a produit le plus mauvais effet dans l'esprit de nos bons paysans de la Barthelasse.

Au Pontet

L'inventaire a eu lieu au Pontet, mercredi 21 février.

A 10 heures, M. Chabrié, commissaire central d'Avignon ; Portalier, commissaire de police d'Avignon-Nord ; une brigade de gendarmes à cheval, les agents de la sûreté et un certain nombre d'agents de police d'Avignon, accompagnant tous ensemble M. Baudouin, sous-inspecteur des domaines à Avignon, se sont présentés devant l'église paroissiale du Pontet.

A la troisième sommation, la porte de l'église s'est ouverte, et, sur le seuil, se sont présentés M. l'abbé Jouffret, curé de la paroisse, entouré de MM. de Dianous, président ; de Bargues et Moutte, membres du Conseil de fabrique.

Après s'être assuré que M. Baudouin avait qualité pour l'office qu'il venait remplir au Pontet, M. le Curé a donné lecture, sur la porte, à l'agent du fisc, de la protestation ci-dessous :

Monsieur,

Vous venez inventorier les biens mobiliers et immobiliers de cette église paroissiale, en exécution de la loi du 9 décembre dernier, dite de Séparation, que le Souverain Pontife, notre père et notre chef, a solennellement réprouvée et condamnée.

Au nom de tous les catholiques du Pontet, je proteste énergiquement contre votre mandat et je m'oppose à un inventaire qui prélude à une dévolution contraire aux droits de l'Église, aux intérêts de mes paroissiens et à la volonté de nos donateurs.

Vous foulez, Monsieur, une terre qui, par actes authentiques, a été donnée et acceptée exclusivement pour l'établissement d'une église et d'un presbytère catholiques. Je dois ici un public hommage de reconnaissance à notre insigne bienfaiteur, M. Charles Thomas, négociant, dont le fils unique, M. Joseph Thomas, continue si heureusement les nobles traditions. Cette église et ce presbytère ont été construits en grande partie par une souscription conservée dans nos archives, et grâce au zèle persévérant de l'inoubliable M. Marin, qui ajouta bientôt à ces deux constructions celle de l'école, aujourd'hui école communale de filles.

L'église élevée fut appropriée pour l'exercice du culte par les soins et les deniers de la Fabrique ; de généreux donateurs la dotèrent ensuite de tout son mobilier. Mme Dubernad, née Poncet, nous ont remis leurs réserves et revendications écrites, pour le jour où les objets donnés par eux ou leurs ascendants seraient, contre, leur volonté expresse, détournés du culte catholique romain. Au nom de tous et de chacun de nos donateurs, nous faisons les plus formelles réserves. Vous les entendez tous protester par ma bouche et, selon l'adage : *Res clamat dominum*, les choses elles-mêmes élèvent leurs voix pour s'opposer à l'opération pour laquelle vous êtes envoyé.

Que si, soutenu par la force armée, vous persistez dans votre dessein et passez outre, nous déclarons hautement céder à la violence, refusant d'être vos témoins et laissant toute la responsabilité de votre acte à ceux dont vous êtes le mandataire.

Fait au Pontet, le 21 février 1906.

J.-M. Jouffret, *curé*.

Aussitôt après, M. de Dianous donnait lecture, au nom de la Fabrique, de la déclaration suivante :

Monsieur,

Considérant que la loi de Séparation est repoussée par le Pape comme injurieuse à Dieu, comme violant le droit naturel, le droit des gens et la fidélité aux traités, et comme contraire à l'équité, ainsi qu'à la constitution hiérarchique de l'Église :

Considérant que l'inventaire que vous allez faire est le premier acte de l'exécution de cette loi,

Le Conseil de fabrique de l'église paroissiale du Pontet, s'associant à son vénéré Curé, refuse d'y prendre la moindre part, réservant tous les droits des bienfaiteurs et donateurs de la paroisse.

Fait au Pontet, le 21 février 1906, la présente protestation pour être annexée au procès-verbal d'inventaire.

Pour le Conseil de fabrique :
Le Président du bureau.
A. DE DIANOUS.

Ensuite, l'agent du fisc entrait dans l'église, où l'accueillait un calme solennel. Un groupe de dames récitait le chapelet et ne daignait même pas tourner la tête vers les représentants de la force publique.

Inutile de dire que ni le Curé, ni le Président du Conseil de fabrique ne consentirent à signer l'inventaire dont ils furent l'un et l'autre les témoins muets et affligés.

A Montfavet

Le lendemain jeudi, 22 février, à 10 heures, M. Fage, receveur des domaines, accompagné de M. Chabrié, commissaire central, de M. Rouy, inspecteur de la sûreté, de M. Chavillon, adjoint, et du garde champêtre de Montfavet, sont entrés dans l'église.

Il y avait en outre une vingtaine d'agents de police dans la cour de l'école communale et une forte escouade de gendarmes dans la cour du Ménage, propriété des Hospices, dans le voisinage de l'église.

Tout cela pour une cinquantaine de personnes, hommes ou femmes, réunies à l'effet d'assister M. le Curé et de joindre leurs protestations à la sienne. On sait que la population de Montfavet est une population rurale disséminée sur une étendue considérable, absorbée par les travaux des champs, et à qui il est impossible d'abandonner ses occupations dans la semaine. L'autorité aurait donc pu s'éviter le ridicule de ce déploiement de forces, sachant, à n'en pas douter, qu'elle ne rencontrerait là d'autre résistance qu'une opposition résolue et digne, mais toute passive.

M. le Commissaire central et M. le Receveur des Domaines se dirigent vers le sanctuaire, où M. l'abbé Robert, curé de la paroisse, qui vient de revêtir ses ornements sacerdotaux, les reçoit, entouré de son vicaire, M. l'abbé Coupard, des membres du Conseil de fabrique et des personnes présentes, formant tout autour un groupe compact.

Après s'être assuré du mandat de M. le Receveur des Domaines, M. le Curé, d'une voix énergique, donne lecture de la protestation suivante :

Monsieur,

L'autorité diocésaine nous a prescrit de recevoir avec courtoisie l'agent des Domaines délégué pour dresser l'inventaire des biens de notre église. Nous nous soumettons, ayant égard, du reste, à votre honorabilité personnelle, ainsi qu'à la présence de notre excellent adjoint, M. Chavillon, représentant de la pacifique population de Montfavet. Nous sommes fiers, dans notre douleur, d'opposer cette attitude à la façon peu française dont le gouvernement s'est comporté envers le Pape, le vicaire de Jésus-Christ, le père de la grande famille chrétienne, la plus haute autorité morale qui soit dans le monde.

Un contrat bilatéral avait été signé par le Pape et par le chef du peuple français. Les catholiques français, se fiant à un contrat doublement sacré, avaient reconstitué à l'église un petit patrimoine où les pauvres et les âmes des trépassés avaient leur part. Aujourd'hui, les représentants de ce peuple, dont le nom même signifie franchise, et qui avait une réputation d'exquise urbanité, brisent ce pacte sans même en donner notification au Saint-Siège. L'Etat vient, de sa seule autorité, inventorier des biens qui ne lui appartiennent pas, dans le but déclaré d'en dépouiller les dépositaires légitimes et de les transmettre à des associations sans mandat pour les recevoir. Nous sommes révoltés de cette injustice et nous ressentons jusqu'au plus profond de l'âme cette injure faite au père le plus aimant et le plus digne de respect.

Donc, au nom et sur l'ordre de Monseigneur l'Archevêque, premier pasteur du diocèse d'Avignon, représentant le chef de l'Église catholique, au nom du Conseil de fabrique de la paroisse de Montfavet, et en notre nom personnel, nous protestons contre l'acte que vous allez accomplir ; il constitue, en effet, la première des mesures qui doivent aboutir à spolier l'Église catholique en France. Les biens de la Fabrique, provenant de legs pieux faits à un établissement canoniquement érigé, sont biens d'église. Sont également biens d'église tous les objets, meubles et immeubles par destination, contenus dans l'église paroissiale, qu'ils soient la propriété de la Fabrique ou qu'ils soient la propriété de généreux fidèles aimant la splendeur du culte et qui croyaient ces objets sacrés, dès lors qu'ils les plaçaient dans les mains de Dieu.

Tant que le Pape, qui, seul, a plein pouvoir sur les biens d'église, n'aura pas cédé de son droit à l'État sur les biens de notre Fabrique, nous ne reconnaissons au gouvernement aucun droit pour en dresser l'inventaire. Nous ne lui reconnaissons aucun droit pour abolir les établissements du culte canoniquement érigés, ni pour faire tomber leurs biens en déchéance, ni pour les transmettre à d'autres associations. Nous réservons donc tous les droits de l'église sur les biens de la Fabrique de Montfavet, ainsi que tous les droits des fidèles sur les objets qu'ils ont déposés dans l'église paroissiale, et dont ils nous ont confié la garde, notamment les droits de M. Auguste Palun sur le grand orgue, et ceux de M. Jules Pernod sur les appareils d'électricité, ainsi que tous ceux de M. Florent sur divers objets, ceux de M. Geoffroy et ceux de Mᵐᵉ veuve F. Seguin sur diverses fondations.

Dans ces conditions, vous comprendrez, Monsieur, que, loin de vous prêter notre concours, nous ne pouvons que demeurer les témoins attristés et rigoureusement passifs de l'inventaire que vous allez dresser.

Fait à Montfavet, le 22 février 1906.

C. ROBERT, *curé*.

Avec sa protestation, M. le Curé remet à l'agent du fisc une lettre dans laquelle M. J. Pernod, un des généreux bienfaiteurs de la paroisse, réclame formellement ses droits de propriété sur les objets lui appartenant.

D'autres personnes élèvent verbalement des réclamations sur des garnitures d'autels, tableaux, marbres, fondations de messes, etc., etc.

L'une d'elles se fait l'interprète des absents et déclare que la paroisse tout entière s'associe à la protestation de M. le Curé et des assistants.

M. le Receveur des Domaines prend note des revendications qui viennent d'être formulées ; puis il procède à son inventaire, en commençant par la sacristie et en faisant ensuite le tour des chapelles.

Pendant tout le temps qu'a duré l'opération, les fidèles présents ont alterné la récitation des prières avec le chant de pieux cantiques.

A 11 heures, tout était terminé.

Les Inventaires d'Eglises

CITOYENS !

On nous demande pourquoi nous avons protesté contre l'inventaire de nos églises.

— Pourquoi ? le voici :

Depuis trop longtemps on traite les catholiques en PARIAS dans leur propre pays !

Nos écoles sont fermées, nos hôpitaux laïcisés, nos prêtres persécutés, nos congrégations proscrites, nos officiers mouchardés... **ET MAINTENANT ON TOUCHE A NOS ÉGLISES !**

C'EN EST TROP !

Pouvons-nous courber le front devant une **LOI ÉLABORÉE DANS LES LOGES,** dont le but unique est de DÉCHRISTIANISER la France, loi votée par un nombre de députés qui ne représente que la *MINORITÉ DES ÉLECTEURS ?*

Pour plaire à l'étranger, le gouvernement retarde indéfiniment l'application de certaines lois, — telle la loi concernant le contrôle des assurances sur la vie.

Pour plaire à la Franc-Maçonnerie, il apporte UNE HATE et UNE VIOLENCE inouïes à l'application de ces mesures iniques, **PRÉLUDE D'UNE CONFISCATION.**

Comment n'aurions-nous pas eu à cœur de protester avec toute notre énergie contre la violation de nos droits les plus sacrés ?

Avignon, menacé par l'ennemi, aurait-il offert spectacle plus triste que celui que nous avons eu la douleur de contempler ?

L'armée campant des nuits entières devant les églises, les rues barrées, le commerce suspendu, les portes volant en éclats, les femmes brutalisées !...

Pour augmenter notre exaspération, n'avons-nous pas vu **le plus haut fonctionnaire du département,** dont la mission semblait être de pacifier les esprits, présider à l'assaut des églises, escorté par une horde d'**apaches** dont les cris de « *Vive le Préfet* » se mêlaient aux refrains de l'*Internationale* ?

Ne l'avons-nous pas vu brutaliser un vénérable vieillard pour l'empêcher de faire entendre une protestation LÉGITIME, et même LÉGALE, aux termes de l'article 5 du décret d'administration publique ?

Tout cela ne commandait-il pas notre attitude en face de l'application arbitraire et illégale d'une loi que le **Souverain Pontife** vient de **réprouver et condamner ?**

Quel citoyen, ayant au cœur le respect de la liberté de conscience et du droit de propriété, oserait nous blâmer ?

Tous, nous en sommes convaincus, nous approuvent !

Tous se lèveront en masse le jour où l'on voudra **confisquer et profaner les églises** que la foi de nos pères a construites et que notre piété soutient !

Tous sauront les défendre avec nous et par tous les moyens!

UN GROUPE DE CATHOLIQUES AVIGNONAIS.